Marie J. Myers   Les nouveaux dans les écoles

Pädagogik, Band 9

Marie J. Myers

Les nouveaux dans les écoles

Comment aborder des situations de plus en plus complexes ?

Frank & Timme

Verlag für wissenschaftliche Literatur

Umschlagabbildung: Kinder zeigen Freundschaft und Zusammenhalt
© Robert Kneschke – Fotolia.com

ISBN 978-3-7329-0100-5
ISSN 1862-6122

© Frank & Timme GmbH Verlag für wissenschaftliche Literatur
Berlin 2014. Alle Rechte vorbehalten.

Das Werk einschließlich aller Teile ist urheberrechtlich geschützt.
Jede Verwertung außerhalb der engen Grenzen des Urheberrechts-
gesetzes ist ohne Zustimmung des Verlags unzulässig und strafbar.
Das gilt insbesondere für Vervielfältigungen, Übersetzungen,
Mikroverfilmungen und die Einspeicherung und Verarbeitung in
elektronischen Systemen.

Herstellung durch Frank & Timme GmbH,
Wittelsbacherstraße 27a, 10707 Berlin.
Printed in Germany.
Gedruckt auf säurefreiem, alterungsbeständigem Papier.

www.frank-timme.de

Table des matières

Chapitre 1. Introduction 9

Chapitre 2. État des lieux 13
    2.1. Considérations générales 13
    2.2. Contexte de situation 15
    2.3. Contexte théorique général 19
        2.3.1. Aspects cognitifs 21
        2.3.2. Situations comparables dans d'autres contextes 24

Chapitre 3. Les aspects culturels 31
    3.1. La cognition et la culture 31
    3.2. Le côté affectif 33
    3.3. L'importance des groupements 35
    3.4. L'empathie 37
    3.5. Les formes de médiation prônées 38
    3.6. La contextualisation 39
    3.7. Considérations d'ensemble 40

Chapitre 4. La politique du « Succès pour tous » 50
    4.1. Mesurer les compétences et le support donné par des vidéos exemplaires 52
    4.2. La différenciation pédagogique 60
    4.3. L'approche culturelle 66

Chapitre 5. Aspects de la politique éducative en contexte. ... 72
    5.1. Notre recherche 73

5.2. Constats 77
    Informer et changer les attitudes 78
    Portes ouvertes 78
    Des efforts à faire 80
    Vue d'ensemble 81
5.3. Un nombre de pistes pour l'accueil 82
5.4. Viser l'intégration 84
5.5. Le besoin d'intervenir sur un nombre d'aspects 88
    5.5.1. La remédiation au manque de souplesse et d'imagination 89
    5.5.2. L'établissement de liens entre tous les organismes 90
    5.5.3. Une formation sur les notions interculturelles
            et la construction identitaire 91
    5.5.4. Un changement de mentalité fondamental 92
    5.5.5. Une nouvelle recherche 94

Chapitre 6. Répercussions sur les politiques 95

6.1. L'adoption des nouvelles mesures 95
    Les rôles des enseignants 97
    Le maintien et l'extension des contacts et l'utilisation d'Internet 97
    L'aide des enseignants dans la mise sur pieds d'un cadre
    de soutien communautaire 99
    L'utilisation de la langue comme fil directeur sous-jacent
    permettant le passage à travers la pluralité ethnologique 100
    Faciliter l'acceptation de la différence 100
    Des identités francophones diverses 101
    Identifier des champs communs pour une action ciblée
    dans les écoles 102
    Permettre les transitions entre les programmes 104
    Rendre le curriculum plus facile d'accès 105

6.2. Retombées sur « la politique de succès pour tous » 109

Chapitre 7. Conséquences pour les pratiques 113

    7.1. Les centres d'activités 116

    7.2. Échantillon de stratégies pour le développement langagier 119

    7.3. L'approche communicative 121

Chapitre 8. Les enseignants face aux nouvelles exigences 123

    8.1. Conséquences pour la différenciation pédagogique 123

    8.2. Les stratégies d'apprentissage 125

    8.3. Impact sur les pratiques 127

    8.4. Effets sur les futurs enseignants 129

        8.4.1. Leurs réactions sur l'approche d'enseignement de la culture ... 129

        8.4.2. Réactions sur l'approche évaluative 131

        8.4.3. Réception de la nouvelle approche grammaticale 132

    8.5. Conclusions à tirer sur les innovations prescrites au programme 134

Chapitre 9. Discussion et conclusion 139

Appendices 156

Références 159

Chapitre 1.

Introduction

La compétition globale dans notre économie des connaissances amène une mobilité accrue. Un marché du travail inégal imprime un mouvement vers les multiples possibilités qui s'offrent aux personnes. Les difficultés financières, les problèmes d'insécurité, les instabilités politiques constituent autant de facteurs qui poussent à prendre en compte les options qui s'offrent à nous. Quand on s'engage sur cette voie, l'objectif visé est généralement le mieux-être. On ne se pose pas assez la question des embûches qui vont se trouver sur le chemin. Dans le présent ouvrage, nous nous penchons sur des situations au Canada, affectant les nouveaux dans les écoles.

Selon des recherches toutes récentes, vu l'état des lieux dans la vie de beaucoup de personnes, les pressions constantes, les multiples tâches à gérer qui vont souvent se démultipliant, l'anxiété se propage comme le rhume et la grippe dans des situations de plus en plus diverses. Ces nouvelles données, et tenant compte, en plus, du fait déjà connu pour quelques temps que le stress post-traumatique affecte les membres d'une famille quand quelqu'un est affecté, il est évident que l'on ne s'attache pas suffisamment aux troubles pouvant être causés par des ruptures affectives graves, notamment celles que doivent éprouver les nouveaux arrivants dans un pays et en particulier leurs enfants dans les écoles. De nombreux nouveaux, avertis par des groupes de leur culture déjà sur place, choisissent à bon escient une position centrale dès leur arrivée leur permettant de naviguer avec bonne conscience sans devoir avoir recours à des tâtonnements et occuper une place secondaire afin d'observer et d'apprendre, ne pouvant s'intégrer qu'après une période, parfois prolongée, d'adaptation progressive. Dans ce dernier cas où l'on doit faire face à de nombreux obstacles, les charges cognitives sont souvent trop lourdes et l'on sait que dans ce cas le fonctionnement de la personne est ralenti. Physiologiquement parlant, l'on sait que la glande pinéale est suractivée impliquant une fatigue supplémentaire vu les nombreuses difficultés à vaincre et cela peut même amener la personne à la dépression.

Nous nous intéressons plus particulièrement à l'insertion et aux répercussions sur la communication qui en découlent et notamment comment les aspects langagiers sont affectés. Nous faisons référence plus particulièrement à un exemple au Canada. Il est essentiel d'examiner en détail les changements récents, de voir comment ils se sont manifestés pour trouver en quoi ils ont un impact sur les actions futures afin d'éviter les problèmes de communication pouvant aller jusqu'à l'arrêt des échanges dans la culture et la langue d'adoption. L'on peut, par exemple, se poser la question de savoir si les nombreux asiatiques se trouvant ainsi dans leurs ghettos au Canada sans parler la langue environnante souffrent de ces effets. MacLeod *et al* (1997), les directeurs du document canadien officiel sur le multiculturalisme, bien qu'ils pensaient que cela se passait bien à l'époque, prévoyaient cependant une quatrième phase intégrée dans le développement en cours pour le multiculturalisme (p.1). Ils pensaient que cela inclurait une période de renforcement culturel (p.2), la mise en relief de liens entre les groupes avec l' accent placé sur l'interculturalisme, un soutien pour l'antiracisme (p.3), une citoyenneté multiculturelle s'exerçant à travers la coopération, la création de réseaux et la collaboration entre ceux qui sont à la recherche d'une société marquée par la tolérance et l'acceptation de l'autre.

Nous n'avons pas trouvé de preuve que cette quatrième phase prévue se soit mise en place, ou du moins nous n'avons pas détecté le phénomène tel que décrit par McLeod *et al.*

Par contre, il semblerait qu'à travers le pays, nous ressentons quelques-unes des causes de conflits majeurs sous-jacentes aux difficultés en communication et il s'avère crucial de les identifier. Un nombre de problèmes épineux doit être résolu pour combler le manque d'harmonie. Parmi les questions les plus graves se trouvent le morcèlement culturel, les exceptions faites sous le couvert d'une politique d'équité et non pas d'égalité, l'accroissement du nombre de personnes à troubles mentaux ainsi qu'un manque de prise en considération des autres, et tout ceci cause des malentendus.

Ce qui est typique au Canada est le fait que nous avons des sous-cultures avec leurs propres mini-villes, leurs microsociétés, leurs langues, leurs propres écoles, en sorte une transposition de toute une autre partie de la planète sur le sol canadien, d'après des sondages transmis dans le programme « Intersections » de la Canadian Broadcasting Corporation (CBC, 2013). Ces divisions rendent la communication plus difficile et l'on retrouve encore plus de fragmentation car récemment a émergé la notion de « nuancisme » (notre traduction de « shadism ») et cela représente une différenciation ethnique plus poussée selon les déclinaisons des couleurs de la peau, en déclinaisons de distinctions à partir du noir.

De nouvelles exigences territoriales de la part des nouveaux arrivants se font de plus en plus pressantes et s'associent aux exigences légitimes des aborigènes des Premières Nations. Vu le fait que certaines ethnies se sont établies dans des quartiers au fil des années pour former soit « la petite Italie », ou « le petit Portugal », il apparaît que des nouveaux, dès qu'un groupe conséquent est arrivé, soumettent une demande de statut semblable à la communauté urbaine comme on l'a vu avec l'exemple récent pour « une petite Éthiopie », un groupe voulant occuper un quartier de trois blocs au centre de Toronto. Une autre source de conflits vient des attitudes dans les écoles. Par exemple, sur la côte ouest du pays, opposant les enfants de ceux qui sont appelés « Récemment descendus du bateau » (notre traduction de 'Fresh Off the Boat') à la seconde génération de riches nouveaux-arrivants et de la classe moyenne, formant des cliques dans les écoles, se font remarquer par leurs utilisations des gadgets les plus récents, leurs vêtements chers et leurs voitures. Est-il possible de maintenir un juste équilibre pour tous les canadiens de longue date, venant de contextes divers, quand par exemple, un grand centre d'achat chinois les exclut car ils ne possèdent pas la langue voulue, le rendant ainsi inaccessible aux non-natifs de cette langue, ce qui est le cas près de Toronto, et où se trouve aussi une école dédiée aux locuteurs de cette langue.

Qui plus est, dans un effort d'être équitable, en réduisant les obstacles à la participation, les états creusent en fait de plus grands fossés entre les riches et les pauvres (Garcia & Guerra, 2004).

Le plus grand danger, menaçant la communication aisée dans notre économie des connaissances en rapide développement vient des atteintes à la santé mentale (Zapf, 1991). La communication inter-linguistique transculturelle cause plus de stress et certaines personnes ont le sentiment que c'est trop, tenant compte du fait qu'elles ont déjà d'autres problèmes à résoudre dans leur vie (Fischbach & Herbert, 1997; Portes & Hao, 2002).

Ceci est aggravé par le manque de réflexivité de certains. Il semblerait que la population canadienne en général n'était pas aussi ouverte qu'on ne l'aurait souhaité selon les résultats obtenus dans notre recherche d'un cas particulier dans les écoles (Myers, 2006).

L'on peut se demander si des manières d'augmenter la prise de conscience de la différence et même un test mesurant la prédisposition à l'interaction interculturelle seraient souhaitables dans le but d'améliorer la situation. D'autres problèmes qui existent déjà entre les pays et au sein même de certains pays causent des échecs en communication, comme c'est le cas quand un état permet de maintenir et de construire des relations de force autour des dynamiques familiales patriarcales et l'auto-identification des femmes (Gaebel, 2013).

Dans notre exploration de la situation des nouveaux dans les écoles nous montrons les développements récents et tous les efforts faits de manière coordonnée pour le mieux-être de tous avec à l'appui un regard sur les nouveaux documents ministériels.

Chapitre 2.

État des lieux

2.1. Considérations générales

L'organisme officiel institué le baromètre du pays, le Conseil de Conférence du Canada (The Conference Board of Canada) a récemment mis l'accent sur l'importance de l'intelligence intra-personnelle, insistant sur la nécessité de chaque individu de se connaître soi-même, amenant une prise en charge en plaçant également les responsabilités sur soi-même, ce qui, dans un sens, vise à rendre la personne plus forte en son for-intérieur dans un effort pour trouver des mécanismes d'adaptation. Malgré cela, vu les nouveaux développements qui exigent de plus en plus de temps, laissant peu de temps personnel, et étant donné le manque de ressources identifié dans la recherche en interaction interculturelle, il sera de plus en plus difficile d'arriver à se débrouiller. Les recherches devraient s'intensifier. Pour les mener à bon terme il faudra aussi trouver des démarches adéquates ce qui a manqué jusqu'ici. Il est absolument crucial de mettre en évidence des pistes qui permettent la communication sans malentendus entre les personnes dans toutes ces situations qui nous semblent inextricables et auxquelles nous devons faire face. Des aspects relatifs à ces questions sont discutés ci-dessous dans le contexte d'une étude précise sur des nouveaux arrivants dans un système scolaire précis en Ontario, au Canada.

Dans le présent ouvrage on s'interroge sur les ramifications de telles situations de crise qui peuvent être causées par un déracinement. Il s'agit de la perte de familiarité des contextes, un changement profond qui doive s'implanter au niveau des habitudes et des attitudes, tout en se trouvant plongé dans des situations exigeant qu'on soit confronté constamment à de nouveaux apprentissages, et ceci non seulement dans le domaine personnel mais aussi en milieu scolaire.

Nous nous sommes concentrés sur des études récentes et leur prolongement par rapport aux nouvelles directives proposées dans les documents officiels par le Ministère de l'Éducation ainsi que la manière dont ces directives sont implantées.

Bien que le contexte de ce travail soit le Canada, les pistes proposées et les discussions développées sont valables dans les pays européens ainsi que dans d'autres milieux. Chercheurs, politiques et praticiens trouveront des réflexions sur des cheminements souhaitables ou à éviter et des éclairages sur des questions présentes et aussi futures.

En ce qui concerne l'éducation au Canada, les politiques mettent l'accent sur l'équité (à noter qu'on ne parle pas d'égalité) et sur la qualité, tout en insistant sur un apprentissage tout au long de la vie et une liberté de choix par rapport au site, au type et à la planification d'une éducation ou d'un emploi. Il n'est donc pas surprenant de voir la majorité des nouveaux arrivants dans les grandes villes où ils se retrouvent sur un terrain familier auprès de personnes de la même culture (CIC, 2001; Citoyenneté et Immigration Canada, 2002, 2004; CIC, 2005).

Les problèmes que cela crée pour la mosaïque canadienne sont innombrables car les chances ne sont pas uniformes et ceux qui ne bénéficient pas d'aide supplémentaire se retrouvent à la queue (CIC, 2005; Ministère de l'Éducation, 2004, 2005; Université Laval, 2006). Le problème qui nous occupe ici plus particulièrement a trait à la perte de la langue française et à l'assimilation des ressortissants d'origines françaises diverses en contexte anglophone (Commissariat aux Langues Officielles, 2004) surtout s'ils se retrouvent dans les grandes agglomérations (Coderre, 2003; Citoyenneté et Immigration Canada, 2002; 2003; 2006).

Une analyse de données de recherche ramassées au sein de toutes les communautés scolaires francophones dans le contexte majoritairement anglophone de l'Ontario nous a permis de mettre en lumière les besoins les plus urgents suite à des recherches précédentes par le biais de l'administration d'un questionnaire et un examen des mesures qui avaient été mises en place (Kao, 1999; Kim, 1986; Ministry of Education, 1993) pour la formation des nouveaux dans les écoles de langue française. Les discours tenus ont permis d'identifier des problèmes et de réévaluer les solutions qui avaient été proposées afin de formuler les mesures urgentes à prendre et ajuster les directives administratives pour les politiques. Suite à ces recommandations de nouvelles mesures furent instaurées et il est intéressant de voir les mécanismes mis en marche.

2.2. Contexte de situation

Au Canada comme dans d'autres pays, on compte sur l'immigration pour le maintien de l'économie qui autrement souffrirait vu le déclin de la population. Les quotas pour l'immigration augmentent constamment et des changements rapides sont mis en place pour accommoder divers groupes de jeunes dans les écoles. Ces jeunes peuvent choisir soit une école de langue française ou anglaise, bien que dans les deux cas ils apprendront aussi la deuxième langue officielle. Les Ministères d'Éducation des différentes provinces opèrent des révisions constantes des programmes, ajoutant de nouvelles recommandations, veillant à l'implantation des nouvelles politiques et la dissémination régulière des documents de curriculum suite à des réunions de consultations avec des praticiens et des spécialistes sur le terrain.

Cependant il a été noté que, dans le passé récent, malgré les efforts bien-intentionnés dans la province de l'Ontario, sur laquelle la présente étude fut basée, les politiques d'accueil et d'intégration des nouveaux dans la province et dans les écoles n'avaient pas fait l'objet d'une attention suffisante. Toutefois le Ministère remet toujours en question les politiques éducatives, fait mener des enquêtes et met en place des mesures préventives et correctives, et ceci fut fait, suite au rapport de recherche de Myers (2006). Dans le présent ouvrage nous démontrons comment toutes les démarches entreprises ont conjointement abouti à des améliorations conséquentes et aux dernières nouvelles (Giguère, juin 2014) toutes les mesures qui avaient été suggérées ont vu le jour. De plus, selon l'opinion publique il apparaît aussi que l'on entend parler français de plus en plus dans les transports publics à Toronto (CBC, 15 juillet 2014).

Pays bilingue dont les deux langues officielles sont l'anglais et le français, le Canada présente les caractéristiques d'un pays bilingue qui pose des défis aux nouveaux arrivants par rapport au choix de langue impliquant le choix d'une province, soit anglophone, francophone ou bilingue. Les nouveaux arrivants sont nombreux et le Canada est un pays où beaucoup de cultures et de langues sont en contact. Par exemple, à Toronto le samedi matin se donnent environ 26 cours de langues différentes car on veille au maintien de la langue d'origine pour permettre le développement de cette fondation langagière initiale qui va servir de pont et de lancée à d'autres extensions langagières et éducatives. Il faut ajouter qu'à Toronto on a récemment compté l'existence de 75 langues différentes.

Il faut noter que la responsabilité pour l'éducation est provinciale au Canada. En Ontario, par exemple, l'on voit des changements réguliers de parti politique par des élections assez souvent, ce qui marque à chaque fois une nouvelle avancée pour l'éducation car les personnes récemment au pouvoir veulent faire mieux que leurs prédécesseurs.

Alors tous les programmes sont remis en question et l'on publie de nouvelles directives pour les programmes et pour l'école. Ces nouvelles implantations se font après de nombreuses consultations, d'études sur le terrain, d'inspections et d'analyses évaluatives, étalées sur un nombre d'années, et auxquelles on a fait participer un large éventail de personnes concernées. Ceci représente un travail sérieux.

Nous avons choisi de nous concentrer sur les statistiques et les documents publics trouvés sur le site du Ministère de l'Éducation de l'Ontario, province qui joue un rôle central au Canada. Toujours est-il que toutes les provinces à travers le pays ont un contingent pluriculturel car l'immigration joue un rôle central dans le pays comme nous l'avons déjà dit. En fait les nouveaux arrivants sont nécessaires pour maintenir les chiffres en ce qui concerne la population du pays.

La province dont il est question ici est à dominance anglophone et la situation des jeunes cherchant à être scolarisés se situe en parallèle au niveau des questionnements identifiés dans la présente étude pour éviter de se retrouver dans des positions périphériques et non au centre de l'action, ce qui implique une énorme perte de temps et résulte en un handicap grave dans la considération de leur profil d'expérience (Lave & Wenger, 1991; Olson, 2003; Wenger, 1998) spécialement pour ce qui est le cas dans le contexte nord-américain.

Nous nous concentrons ici sur les nouvelles tendances pour ce qui a trait au français, une des deux langues officielles au Canada où malgré une majorité anglophone l'on trouve des îlots francophones assez conséquents ainsi que de nombreux programmes d'immersion française.

Les nouvelles directives du Ministère de l'Éducation de l'Ontario suscitent des réactions diverses, souvent avec des critiques portant sur le contenu des réformes et provoquent aussi parfois des résistances.

Par exemple, dans le cas du français langue seconde (FLS) après avoir décidé de réviser les guides programmatiques pour le français il y a trois ans, le Ministère a sélectionné deux spécialistes pour mener les débats et initier la réforme avec, en plus, leur personnel de soutien. Le procédé a commencé par des réunions avec les universitaires spécialisés en formation d'enseignants de français dans la région, dans le but de lier les nouveaux développements pris en considération, aux résultats de recherche les plus récents dans le domaine, afin de s'approprier les connaissances et les savoir-faire des chercheurs en charge de la formation pour le français langue de spécialité. Par la suite ce groupe directeur a préparé un document de travail, qui fut soumis à la réaction du public afin d'obtenir de nouvelles suggestions et commentaires et fut l'objet de réunions de consultations. Des amendements furent faits aux textes et d'autres recommandations suivirent mais ne furent pas forcément adoptées par le Ministère pour diverses raisons, l'une d'entre-elles pouvant être le coût trop élevé impliqué par certaines nouvelles mesures. Après s'être mis d'accord sur les principes, l'on embauche une équipe de scribes pour décrire le projet plus en détail. Ces nouveaux documents de travail furent à nouveau soumis à l'examen des experts, y compris les universitaires, suite à quoi, la dernière version devait être finalisée. Le processus de consultation a commencé en 2009 et nous attendons toujours la sortie des nouvelles directives pour l'enseignement au niveau secondaire, bien que les textes correspondant au niveau primaire soient sortis il y a six mois. En attendant, l'on peut consulter les documents de travail et des vidéos qui furent placés en ligne, offrant les détails sur les contextes théoriques sous-jacents ainsi que des séquences des procédés attendus filmées dans des classes modèles (OMLTA.org).

Il y a toujours des controverses, vu la population de nouveaux en insertion, les diverses cultures en contact et les opinions souvent divergentes des enseignants dans les écoles et des enseignants en formation. Cela va sans dire que ces divergences ont pour conséquences, différentes façons d'interpréter les textes, de multiples manières de les implanter et par la suite une différente appréhension des contenus selon les enseignants et les apprenants concernés.

Là où l'on est d'accord, c'est sur les notions de « succès pour tous les apprenants » même si cela va comporter des variantes, mais l'on s'entend sur l'idée que le système éducatif s'engage à soutenir les personnes, la société et les cultures, dans une relation très serrée, alliant la communauté autour de l'école à l'activité scolaire.

Ce programme est dicté par notre culture d'immigration et le besoin pressant d'être inclusif face à la grande diversité ambiante. Les Ministères de l'Éducation et de la Formation, des Collèges et des Universités ont organisé des réunions de consultations en 2012 pour créer en Ontario un programme enrichi en formation d'enseignants, ce qui va également aider l'insertion des nouveaux dans les écoles.

Cela ne veut pas nécessairement dire qu'il faille changer les conduites des apprenants et injecter de nouvelles manières de faire et d'être dans les patrons d'habitudes déjà établies des apprenants comme c'est le cas dans l'enseignement des langues (Lado, 1957; 1961; Rivers, 1981 ; Stern, 1983). Souvent cela s'était révélé problématique pour les apprenants ainsi que pour les enseignants de langue qui eux, ne savaient pas sur quel pied danser. Au Canada nous avons les mêmes soucis que dans les autres pays. Il nous faut sans cesse prendre en compte les difficultés que posent les nouvelles directives ministérielles. Il s'agit constamment de revoir les programmes de formation pour y inclure les nouvelles données et les tendances de pointe en éducation. De nos jours la priorité doit être donnée à la « compréhension des soucis de santé mentale de l'enfant, de la jeunesse et des parents ». Suite à cela, il faut mettre l'accent sur la facilitation de la transition du programme scolaire au monde du travail, il s'agit d'encourager les jeunes à chercher du travail tout en les imprégnant d'une compréhension des pistes qui s'offrent à eux, notamment pour le passage du secondaire à l'universitaire ou à l'emploi, en passant par la formation comme apprenti. Ce qu'il fut intéressant de noter dans notre recherche sur les nouveaux arrivants (Myers 2006), c'était le grand nombre d'entre eux qui est dirigé vers les emplois.

Personnellement je tiens des rôles complexes comme chercheur, universitaire à pleine charge d'enseignement et dans mon champ de spécialisation, consultante pour le Ministère de l'Éducation de l'Ontario quand un besoin se fait sentir dans mon domaine, car je travaille dans cette province et que l'éducation est une responsabilité provinciale. Je m'intéresse à l'atteinte maximale de chaque élève de son potentiel, non seulement par une formation à l'utilisation des capacités individuelles et l'apprentissage de stratégies pour améliorer l'apprentissage mais l'objectif visé est surtout d'élargir la vision de tous dans le but de promouvoir leurs capacités d'apprentissage à long terme et de manière continue. Il en résulte que je me trouve souvent confrontée à des conduites inattendues de la part de certaines personnes et je dois aussi souvent faire face à des discours contrevenants les conduites ou les principes qu'on pense pratiquer. Un des avantages certains que nous avons ici est dû au fait que dans la province de l'Ontario les documents de programmation sont mis en cause régulièrement dans le but de renouveler les approches et mettre à jour les contenus. D'autre part, un organisme officiel instauré comme le baromètre du pays comme je l'ai déjà mentionné, la Commission de Conférence du Canada, pour la consultation nationale, émet régulièrement des directives quant aux cheminements à suivre après un examen minutieux des situations en cours de développement et cela nous conforte sur notre lancée. Comme nous l'avons déjà cité, l'immigration a un grand effet sur le système éducatif et donc les directives politiques devraient prendre en compte ces nouveaux impacts de manière proactive. Ensuite si on ajoute les nouvelles technologies, le nombre de changements dont il faut tenir compte prend des dimensions exponentielles.

Il va sans dire que nous nous trouvons au sein de situations de plus en plus complexes. À raison de plus de 3000 nouveaux dans les écoles tout au long de l'année, l'immigration déstabilise sans cesse l'équilibre dans les classes, et essentiellement par rapport à l'utilisation de la langue véhiculaire et, face à cela, nous nous devons de poursuivre des politiques assurant le succès pour tous. L'étude mentionnée ci-après offre des possibilités suite à des exemples concrets dans des situations au sein d'un système scolaire que beaucoup envient pour son ouverture, nous essayons de faire de notre mieux.

2.3. Contexte théorique général

Les chercheurs sont d'accord pour dire qu'il est essentiel que les nouveaux arrivants soient bien ancrés dans leur identité dans la société d'accueil aussi vite que possible (Alejandro & Hao, 2002; Golstein, 1995; Pao, Wang & Teuben-Rowe, 1997; Portes & Hao, 2002), notamment en se montrant sûrs d'eux et confiants, tout en développant leur assurance et leur confiance en eux-mêmes. Il leur faut de plus, croire en leurs aptitudes et leurs propres capacités pour pouvoir s'affirmer dans le nouveau contexte (Brislin, 2000; Byram, 1997). Ceci est d'autant plus important que les autres personnes dans ce contexte social sont élevées avec ces attitudes et que quelles que soient leurs habiletés ou même s'il y a des manques, on les conforte dans cette position forte. Il va de soi qu'un soutien sociétal est nécessaire car cela ne peut se faire quand on se sent esseulé (Chamberlain, 2005).

Il faut se mettre à l'évidence, la compétition se trouve intensifiée par l'accroissement constant du rythme des changements. Les nouveaux problèmes qui font surface requièrent la mise en place de nouvelles capacités, un esprit encore plus compétitif et un nouveau mouvement. L'équilibre est constamment précaire.

Toutefois comme le dit Lundvall (2002) nous naviguons dans la nouvelle économie de connaissances en nous centrant sur les sentiments, qui selon l'auteur constituent les aspects modelables (notre traduction de 'soft') de l'innovation. Sur sa liste il place aussi le rôle des bureaux de ressources humaines, l'importance de former des utilisateurs compétents, de tenir compte des facteurs de la demande, de la constitution de réseaux et des changements au sein des organisations. Il note ensuite que l'innovation qui est tout à fait cruciale, ne peut plus suivre un modèle linéaire de compréhension car un tel modèle serait trop limité et que les personnes doivent sortir de leurs habitudes, pour s'éloigner de l'ancrage habituel de la formation de leurs systèmes techniques dans leur contexte socio-économique usuel.

L'auteur ajoute l'importance de l'inclusion dans les communautés en ne se restreignant pas seulement aux sciences mais en tenant compte de toutes les matières car il croit fermement qu'un mélange de compétition et de collaboration sera plus efficace (Lundvall, p. 287).

Les modes de communications doivent inclure la coordination entre information nouvelle et nouvelle compétence. Il est alors essentiel que tout un chacun soit à même de tirer ses propres conclusions. La Commission de Conférence du Canada va dans ce sens par la promotion de l'importance à accorder à l'aspect d'intelligence intra-personnelle. De par cette immersion dans des contextes de communication de plus en plus rapides et divers, il faut s'efforcer de donner la priorité à l'établissement de liens entre les apprenants, mais cela sans diminuer leur capacité d'agir de façon autonome et critique. Il s'agit de voir à la transformation des connaissances.

Selon cette nouvelle logique, les connaissances sont partagées entre des équipes de personnes travaillant ensemble ainsi que des réseaux selon Nyholm, Normann, *et al.* (2002) et nous perdrons les hiérarchies en faveur de la mise en réseaux visant le développement constant des connaissances et de l'innovation (p. 258). Partout on s'attachera aux compétences centrales permettant la mise en relation et la transposition des connaissances.

Dans les programmes d'éducation il faudra donc attendre des professionnels qu'ils examinent les directives afin de se centrer sur l'utilisation des nouvelles connaissances et de l'innovation.

Dans le domaine de l'éducation l'on dit se pencher sur la coopération au sein des groupes en visant la protection des nouveaux acquis développés et à la fois se questionner sur les manières de transposer les stratégies pour les optimiser et les adapter à de nouveaux domaines de façon multimodale.

2.3.1. Aspects cognitifs

Bates (2002) affirme que la migration des idées, des objets d'artisanat et des personnes n'est pas un phénomène nouveau, mais par contre la rapidité avec laquelle cela se fait est exceptionnelle et rend impossible le maintien des caractéristiques sociales, culturelles et politiques dans les états et pays déjà en train d'être déstabilisés.

Capela (2000) pense de son côté que le manque de temps de réflexion, donc l'aspect d'immédiat, dans les contextes virtuels, de par la communication instantanée, ne rend pas la situation plus facile. Carnoy (2002) insiste sur la nécessité de mieux scruter les détails dans nos interprétations. De nombreux chercheurs sont d'accord pour dire que la situation présente, telle que décrite ci-dessus, ainsi que les autres défis, de plus en plus nombreux qui s'y ajoutent, ont une influence sur les processus de la pensée (LeMoigne, 1999; Morin, 2001; Myers, 2013).

De là à admettre que les conflits sont en train d'augmenter dans les contextes de communication interculturelle, il n'y a qu'un pas.

Helmy (2010) cite les paroles d'Angela Merkel, la chancelière allemande, qui a dit « l'approche multiculturelle a échoué ». Si l'on considère le multiculturalisme et les « communautés de pratiques » (Barton & Tusting, 2005; Lave & Wenger, 1991; Wenger, 1998) l'on se rend vite compte du rôle important joué dans ce contexte par les notions théoriques autour de la « cognition située ». La Corporation de Diffusion Canadienne (CBC, 2013) passe régulièrement à la radio le programme « Intersections » pour permettre au public de se mettre à jour par rapport aux nouveaux développements interculturels. L'on se rend compte que les sensibilités sont exacerbées et que nombre de personnes ressentent le besoin croissant de se protéger, au point d'ériger des barrières autour d'elles. Lors d'une émission récente il est apparu que le fait d'aider quelqu'un peut même être source de conflit, il s'agirait de demander d'abord si la personne veut de l'aide avant d'en procurer, quand on interagit dans des cultures différentes.

Par conséquent, il n'est pas facile de naviguer entre les cultures car cela requiert un bon nombre d'expériences et une compréhension élevée de tous les éléments entrant en jeu. Avec plus de complexité à l'appui et des difficultés supplémentaires à affronter, on a souvent l'impression que l'on ne pourra les surmonter. Ceci amène à penser que l'on fait face à une crise dans la cohésion des liens sociaux.

Pour arriver à comprendre le tout, il est nécessaire de déployer des moyens à la fois issus de procédés du haut-en-bas ('top-down'), compris comme partant du côté théorique pour aller jusqu'à la pratique, et de bas-en-haut ('bottom-up'), dans le sens qu'on part de l'observation de l'expérience pour arriver à une généralisation, mais pas seulement ceux-ci, car il faut aussi effectuer un balayage sur tout l'étalage des possibilités avant de tirer une conclusion. Tenant compte de cela, il s'agit aussi de prendre en considération les approches disponibles au niveau macro, ainsi que celles que procure le niveau micro avec un positionnement au niveau meso, c'est à dire intermédiaire, et ne négligeant ni les positionnements macro et micro, comme dans le cas d'un tour d'horizon centré sur un positionnement central, dans notre approche pour aboutir à une solution.

Étant donnés tous ces faits, l'on est amené à repenser les stratégies recommandées dans le passé pour résoudre les échecs de communication si l'on veut éviter des confrontations. Il va de soi que l'augmentation de la mobilité et les tensions entre les personnes et les pays, pour être reconnus dans l'économie des connaissances au niveau global, vont de plus causer davantage de problèmes (Morrow & Torres, 2000). Il existe de plus en plus de points d'intersections aujourd'hui, ce qui multiplie les questions qui se posent dans le va-et-vient global pour se faire remarquer.

Tenant compte, en plus, du nombre croissant de nouveaux arrivants dans un pays, car l'on considère que l'immigration permet de maintenir le niveau de prospérité selon Citoyenneté et Immigration Canada (CIC, 2004), l'on note que des changements rapides ont lieu dans des mouvements transitionnels entre les cultures. Il faut garder l'esprit ouvert tout en s'engageant à travers les multiples étapes exigées par les transitions incessantes à travers des contextes culturels changeants. Ce faire nécessite une prise de risque constante en passant par ces étapes quand on n'est pas l'image de la perfection, et parce qu'on procède par tâtonnements, l'on est souvent déséquilibré, on a l'air gauche dans notre apprentissage à gérer les cultures, comme ce serait le cas pour l'apprentissage d'une nouvelle danse. Cela ne va pas de soi: des perspectives différentes doivent être adoptées constamment, il faut se renouveler, changer de personnage en quelque sorte, et cela est taxant pour notre bien-être (Jodelet, 1991). L'on sait d'autre part que la santé mentale touche toutes les composantes du développement de la personne (Hawkley & Cacioppo, 2010; Mezirow, 2001). Plusieurs chercheurs sont d'accord avec Parker (1997) qui qualifie cette nouvelle situation comme le rassemblement ou la convergence de diverses influences de manière de plus en plus rapide, ce qui inquiète Capling et al (1998) et Copeland (1997) au sujet des aspects incontrôlables que ce rapide changement implique. Blackmore (2000) partage ces sentiments. Nous devons néanmoins remarquer qu'il n'y a pas que cette homogénéisation mais que dans les situations de communication interculturelle il existe aussi beaucoup de différenciation, on n'est pas pris dans un tourbillon centrifugeur. En fait, des groupes bien établis doivent se remettre en question, ce qui a été identifié par Morrow et Torres (2000) et, de plus, les gens dépendent plus les uns des autres, disent Wells et al (1998). Il semble que ce qui important c'est que les personnes trouvent le meilleur positionnement possible pour être compétitives (Daun, 2002). Jandt (2004) a observé que nous avons tous à jongler de plus en plus avec nos interactions transculturelles dans nos contextes physiques divers, vu les nombres croissants de nouveaux immigrants dans nos pays et que nous maintenons l'équilibre tant bien que mal malgré les obstacles. Ceci nous rappelle que déjà en 1997, au Canada, dans un document officiel sur le multiculturalisme, McLeod avait noté que le concept de multiples cultures en contact n'était pas vu d'un œil favorable et causait des malaises, et ceci dans un pays qui se vantait d'être en avance dans ce domaine, il dit, en effet, sentir à des moments « l'hostilité dans une atmosphère marquée d'attaques conservatrices sur l'éducation multiculturelle et la jeunesse » (notre traduction, McLeod et al, 1997, p.15).

Mais comment démêler le tout pour identifier les fils directeurs, ce que peu de chercheurs ont réussi à faire. Des cadres d'analyse ont été élaborés et l'on a identifié les conduites attendues de la part des nouveaux arrivants, essentiellement dans le but d'assurer la fonctionnalité dans le milieu du travail et ainsi faciliter le commerce international. Dans notre travail de recherche pour le Ministère de l'Éducation (Myers, 2006), il est apparu que les personnes dans les communautés d'accueil ont tout autant besoin d'être éduquées, car dans certains secteurs une mise en conscience permettrait d'éviter que quelques personnes malveillantes minent tout le travail mis sur pieds par des bénévoles bien-intentionnés pour faciliter l'intégration des nouveaux.

2.3.2. Situations comparables dans d'autres contextes

Selon les dires de François Audigier (2000, p.39), il n'y a pas lieu de trop s'inquiéter ou d'être blessé par des paroles, car dit-il, les mots mêmes qui sont utilisés avec des connotations négatives peuvent aussi être vus sous un angle positif, comme par exemple, en parlant de fragmentation de la société, on indique aussi la présence de la diversité, la compétition est signe d'initiative, et même l'instabilité est signe de mobilité et de mouvement. Il ajoute que cela veut dire que les possibilités de changement existent, que rien n'est figé ou ancré dans une fixité têtue et des revendications immuables. Cela est prometteur pour l'amélioration de la communication entre les personnes. Il met aussi l'accent sur le besoin de créer un réseau de facteurs à multiplier pour l'éducation à la citoyenneté, en assurant l'échange de l'information et de l'expérience et de créer des foras de réflexion et de discussion (p.3). Il ajoute qu'au lieu de se méfier des rassemblements ouverts, il y a lieu de les considérer comme des occasions pour les personnes de partager leurs sentiments d'inadaptation et leurs problèmes dans un groupe où ces questions sont comprises et les mêmes soucis exprimés par d'autres aussi.

Rassembler des informations et les placer sur une plateforme d'accès publique est une manière de renforcer la compréhension interculturelle car tout le monde a accès à ces données. Dans ce sens, l'on pourrait encourager une mise en commun dans un lieu central de toutes les questions qui se posent sur des soucis de communication interculturelle, pour qu'un accès aux solutions à ces problèmes soit aussi possible.

Nous pouvons ne pas être d'accord avec Luhmann (1984) quand il dit que rien ne se perd dans les systèmes, il s'agit essentiellement d'un repositionnement et bien sûr, en vue d'une accélération constante des changements, il est évident que le repositionnement est la réponse. Il est clair aussi que des réseaux horizontaux et transversaux ainsi que des dépendances internes transrelationnelles sont nécessaires, tout comme Luhmann le considère pour des systèmes complexes. Mezirow (2001, p.4) pose l'importance d'adopter des points de vue plutôt que d'avoir des représentations figées bien ancrées, car les points de vue peuvent être changés. Toutefois selon l'auteur l'on peut aussi arriver à changer les représentations profondément ensevelies en changeant les croyances qui sont à la base de la formation de ces représentations, ce qui est possible en cherchant à modifier les points de vue. Il réalise néanmoins que cette approche est parsemée d' embûches car il faut avant tout informer les gens au sujet des présuppositions, des stéréotypes, des préjugés et des manipulations de faits qui peuvent être dus soit à des raisons cognitives, socioculturelles ou épistémologiques.

La responsabilité majeure consiste à faire éviter les problèmes de communication. Pendant leur transition, les nouveaux arrivants ont à faire des efforts de prise de conscience divers, plus que les personnes de la communauté d'accueil, car souvent le soutien de la communauté d'accueil laisse à désirer bien que dans certaines circonstances des personnes bien précises font des efforts extraordinaires pour aider les nouveaux à s'insérer. Le fait est qu'il est question de profonds défis. Les nouveaux se sentent très souvent en position subordonnée et selon Anczewska *et al* (2013), le fait de se sentir limité dans sa fonctionnalité, et pas seulement physiquement, crée des problèmes psychologiques. Les aspects délicats auxquels il faut faire attention sont identifiés dans les modèles répertoriés d'effets psychologiques allant de pair avec les transitions et incluent l'anxiété due à une séparation, l'effet que l'interruption des projets prévus a sur la personne et un débrayage par rapport au contrôle que l'individu peut exercer dans la nouvelle situation ou plutôt le manque de contrôle.

D'autres aspects découverts dans les théories relatives à la mobilité et les problèmes de conduites qui s'ensuivent, notamment dans les rapports parents-enfants, mettent en relief la détresse psychologique, surtout autour de sentiments de victimisation et des difficultés éprouvées dans les essais de se former un réseau social parmi les pairs. En ajoutant à cela les sentiments du mal du pays qui risquent de dominer chez les nouveaux, même s'ils sont gardés dans leur for-intérieur, l'on voit combien les nouveaux souffrent.

Pour toute personne le sentiment d'appartenance est essentiel. Une manière de faciliter ce sentiment serait de prévoir des contacts réguliers par des activités communautaires ciblées, en établissant des rencontres régulières entre les personnes pour qu'elles apprennent à se connaître de mieux en mieux afin qu'elles trouvent un terrain d'entente commun sans devoir toujours faire appel à toutes les stratégies nécessaires en contact initial, facilitant ainsi les échanges en limitant ou même éliminant les écarts d'information.

Le foisonnement de possibilités de cyber-contacts pourrait faire croire que l'on ne se sent plus seul, mais le problème existe toujours bien qu'il ne soit pas aussi prononcé que dans le cas où le contact physique manque car on n'a pas accès à des environnements socio-technologiques (Gibson, 1998). Dans ce dernier cas, Masi *et al* (2011) nous avertissent que de se sentir seul peut par la suite causer la dépression.

À notre avis, il faut rechercher les évènements connectés qui s'enchaînent pour se faire une idée de ce qui se passe. Dans l'ensemble les interactions constituent le lieu de la co-construction du sens, et il faudrait prévenir les gens de faire plus attention aux conséquences de leurs actions (Wells *et al*, 1998).

Quand on a affaire au monde du travail, les difficultés des échanges en communication interprofessionnelle deviennent encore plus complexes (Brannan, 2013). La différence dans le contexte professionnel est plus pénalisante s'il y a échec. Normalement lors les échanges de nature sociale, on connaît l'autre personne ou du moins on reconnaît le milieu, ce qui n'est pas nécessairement le cas en contexte professionnel. Dans ce type de situation le locuteur contrôle beaucoup plus ce qu'il dit et la manière dont c'est dit, tout en surveillant l'interlocuteur, veillant à la correction grammaticale et à l'usage du vocabulaire dans un effort visant d'éviter les malentendus. Alors que les dialogues sociaux transforment la culture et la société, les dialogues de type professionnel sont plutôt structuraux, s'attachant aux structures langagières dans la profession. La difficulté ici quand on communique dans une langue moins bien connue est le risque de perdre de l'information en passant d'une langue à une autre par le biais d'une traduction mentale. Les nouveaux qui se retrouvent dans des cours avec des matières scolaires différentes se trouvent aussi plus ou moins dans des situations semblables. Si d'autre part, ils viennent de pays où l'école fut interrompue à cause de problèmes politiques, ils risquent de ne pas être à jour dans les différentes matières scolaires.

Étant conscient des nombreuses difficultés éprouvées par les enfants dans des pays affectés par des remous politiques, les gouvernements un peu partout prennent des mesures pour pallier aux manques.

Au Kazakhstan, dans le but d'être juste envers tout le monde (Nessipbayeva, 2013) on a fait des efforts de restructuration. En Grèce (Stamelos *et al*, 2013) des zones de priorité éducatives ont été établies avec des programmes unifiés comprenant un nombre d'aspects innovants, comme par exemple l'instauration d'écoles primaires digitales en incluant également un entraînement professionnel. Malheureusement comme ce fut aussi le cas au Canada, les programmes de langue dans les classes d'accueil ne sont pas assez intensifs, ce qui signifie que, bien souvent, les nouveaux essaient constamment de rattraper les autres et que peu d'entre eux sont préparés pour l'accès aux études supérieures.

L'importance du niveau de langue est cruciale. Notre utilisation de mots est influencée par notre culture (Myers, 2012). Très souvent le manque de reconnaissance des faits historiques qui sous-tendent notre vocabulaire et l'usage des mots ainsi que nos actions, nous amène à créer des atmosphères qu'on veut neutres dans nos interactions par le souci de maintenir un climat positif et la paix, afin d'éviter frictions et disputes. Alors comment peut-on aller au coeur des problèmes? Aronowitz (1993) recommande de créer des « espaces libérateurs » pour contrecarrer des situations d'« Angst » et d'auto-protectionnisme. Un tel espace fut créé selon Niblett (2012) pour les hommes politiques il y a plus de cinquante ans, dans une maison connue sous le nom de Chatham House à Londres dans St James Square. Ce lieu est vu comme l'endroit privilégié pour aborder des conversations difficiles pour les politiques, le secret allant de soi. Butler (1997) pense que la société a mis en place des codes dans le but de créer des sentiments de civilité, une forme de solidarité, donner le code de conduite à tenir, idées développées par la suite par Boler (2004, 2010). Ces connaissances s'acquièrent de façon implicite, en vivant dans la culture, donc ces aspects doivent être partagés avec les nouveaux, car autrement ils risquent de ne pas les apprendre. Il faut prévoir et créer des situations pour permettre l'apprentissage de ces codes en situation. Myers (2006) recommande que cela se fasse dans les écoles et suggère de faire appel aux personnes de la communauté où les nouveaux arrivants ont des enfants dans les écoles et pour les autres aussi autour des écoles. Ce faisant il faut garder à l'esprit les caractéristiques polyphoniques de la communication, ce qui exige qu'on fasse très attention au manque de clarté dans bien des domaines, et de fait, seul par des exemples concrets peut-on éclaircir la manière dont les personnes utilisent leur jugement pour filtrer des opinions contradictoires afin d'en établir la logique et rester assez ouvert en même temps, pour accepter des attitudes qui semblent contradictoires.

Boler (2004, 2010) dit que souvent la voix ou la manière d'articuler de quelqu'un amène les autres à ne pas reconnaître la personne car on ne fait pas l'effort d'interpréter ce qu'on entend et qui est pourtant exprimé dans la langue connue, et Butler (1997) ajoute que les paroles exprimées sont aussi rendues illégitimes ou leur contenu non utilisable. Dans ce sens il y a aussi le type de situation ou l'autre c'est-à-dire la personne non-connue du groupe, est réduite au silence, ce qui cause un grand montant d'anxiété à cette personne (McLaren, 1995).

Dans les contextes d'apprentissage de langue il faut tenir compte de plus du filtre affectif, qui selon Krashen (1982, 2003) s'il est bloqué, ne permet pas d'apprendre.

En vue de mettre en contexte la compréhension de quelque chose, il faut être capable de se mouvoir dans les domaines qui s'y rattachent. Quand il est question d'identité, l'on aboutit souvent à des représentations erronées et on n'arrive pas à se faire une idée de la personne. Au Canada heureusement, nous essayons d'être plus ouverts. Dans un guide du Ministère de l'Éducation de l'Ontario (2013, p.5) il est question de la santé mentale des apprenants avec cette citation « la santé mentale correspond à bien plus qu'à l'absence de maladie mentale » et l'on ajoute « le bien-être est non-seulement influencé par l'absence de problèmes et de risques mais aussi par la présence de facteurs qui contribuent à grandir et se développer sainement » (notre traduction).

De plus l'on pense qu' « en voyant à tous les besoins et en soutenant les points forts et les acquis des apprenants, les éducateurs permettent la promotion de la santé mentale dans la classe » (notre traduction).

Il faut souligner d'autre part que sous l'apparence de leurs efforts de rassembler les personnes diverses, les gouvernements prétendent viser l'intégration et nient totalement que c'est en fait l'assimilation qui les intéresse. Senocak (1998, p.1) fait une mise en garde et dit que de rapprocher les gens ne veut pas forcément dire, faire disparaître et assimiler tout ce qui étranger. Il est évident que c'est de cette situation délicate qu'il est question dans les développements qui suivent.

Pour comprendre plus avant, il faut examiner les aspects cognitifs de la maladaptation sociale car l'intervention est nécessaire dans ces cas. Très souvent le problème majeur vient de l'évaluation négative par la personne de ses relations interpersonnelles ce qui mène à la dépression, et bien souvent le fait de se sentir seul y contribue aussi. Donc, le fait de rassembler les personnes autour de l'école et de la communauté serait une démarche utile car il est essentiel aux individus de faire part de groupes et d'associations et de cette manière se créer des systèmes de soutien. Ainsi les personnes sont reconnues quelque part, elles peuvent affirmer leurs identités dans ces milieux, jouer certains de leurs rôles et de la sorte éviter la création de problèmes causés par le sentiment de limitation dans leur fonctionnement et ne pas se sentir fortes (Anczewska *et al*, 2013; Nessipbayeva, 2013).

Il est possible de se distancier des problèmes en tissant ensemble les systèmes d'identités acquises et ceux de rôles joués. Mais cela n'est pas évident. Dans le but d'améliorer la communication interculturelle si l'on se situe sur le plan des identités, il faut savoir que rien n'est fixe et que tout évolue, il n'est donc pas utile de porter jugement à moins d'avoir observé les mêmes conduites auprès de la même personne à plusieurs reprises. S'il est bien sûr plus difficile d'écouter une personne qui a un accent, il faut toutefois savoir écouter et ceci pour ne pas porter des jugements stéréotypés. Sachant que des interprétations successives sont nécessaires, on ne peut non plus tirer des conclusions à la hâte et il faut garder l'esprit ouvert afin de faire des ajustements si nécessaires. La tendance à classifier les personnes quand on a peu de renseignements ne peut permettre de se faire une opinion, il faut aussi tenir compte de l'histoire d'un pays et des histoires des personnes et si l'on découvre des manques il vaut mieux les attribuer à des déficiences structurelles, contextuelles, plutôt que d'en blâmer toute une population (Ogunleye, 2013; Myers, 2006; Popescu, Popescu, & Popescu, 2013).

Vu le fait que dans notre nouvelle économie des connaissances nous devons faire face à plus de complexité, nous devons nous interroger sur les intersections entre le social, l'historique, le politique et les nouveaux objets créés. La plupart des gens ont appris à avoir des conversations interculturelles et sont conscients des questions de langue et d'accents. Il faut de plus savoir, comment et quand, être silencieux et se taire. Ce qui mène à réfléchir aux mots que nous utilisons et à nos actions. Quant aux rôles, il faut les ré-imaginer, nous devons faire l'effort de faire un décalage dans les notions préétablies d'une certaine manière, afin de pouvoir améliorer nos échanges interculturels. Nous devons aussi être conscients de nos différents rôles plus rapidement.

Dans le passé, des études ont montré, que des nouveaux arrivants ont vite appris la langue cible et ont rejoint le monde du travail, se construisant une zone neutre et réservant leur identité culturelle pour leur vie familiale. La question qui se pose alors est de savoir ce que devient la personne prise dans cette dualité.

Pour éviter d'être associés à des rôles, nous devons nous battre pour maintenir notre intégrité et notre bien-être, en nous repliant sur des actions amenant des changements de croyances et de conduites. Toutes nos perspectives sur l'humanité doivent changer et par bonheur nous nous engageons maintenant dans des programmes d'apprentissage tout au long de la vie qui sont axés sur l'être humain et non plus sur le fait de faire apprendre des techniques aux personnes pour qu'elles soient de meilleurs instruments de travail (Blaszczak, 2013 ; Najder-Stefaniak, 2013).

Dans nos interactions nous ne devons pas essayer de nous dénigrer, mais travailler ensemble en visant le succès pour tous, contrairement à l'éducation poussée par les marchés, donc vue comme une commodité. Le Ministère de l'Éducation de l'Ontario a bien fait cela en axant les programmes sur « le succès pour tous » et en employant comme sous-titre à leurs directives récentes « Appuyer chaque apprenant ».

Suite à un décalage dans une visée différente pour les identités et les rôles, il est nécessaire aussi de réaligner les concepts. Bien que nous ayons deux hémisphères cervicales avec une différenciation des activités du cerveau, l'accroissement des maladies mentales a fait resurgir des données de recherche faisant croire que nos corps sont aussi activés par un système nerveux qui pourrait causer des maladies du système digestif rattaché à une activité cervicale de la colonne vertébrale se rattachant aux organes (Young, 2012).

L'on entend souvent dire que les taquineries méchantes envers les nouveaux leur causent un demi-choc. Les mots méchants et les actions pernicieuses empêchent l'interlocuteur de formuler une réponse comme s'il était paralysé et la haine déployée affecte les victimes de manière à leur faire ressentir un sentiment de désorientation dans le ventre comme si elles se sentaient perdues, effets pouvant correspondre aux données situant un « troisième cerveau dans les entrailles » (Young, 2012).

Chapitre 3.

Les aspects culturels

Le passage à travers les cultures devient de plus en plus fréquent vu la mobilité des personnes. Si les aspects translinguistiques posent souvent problèmes ceux-ci peuvent s'avérer graves quand on se trouve aussi dans des situations transculturelles, particulièrement dans le cas de langues et de cultures éloignées.

3.1. La cognition et la culture

La question de base à poser tourne autour de la corrélation entre la structuration des cultures et le fonctionnement de la communication, pour voir si elle est suffisante pour guider des conduites évidentes, aux aspects cognitifs reliés au niveau subconscient. Les chercheurs en communication interculturelle préconisent une approche pragmatique pour expliquer la communication transculturelle, vu les nombreuses difficultés que cette recherche présente. La mise en patrons culturels dans une culture donnée a un impact sur l'interaction linguistique avec les membres de cette culture et a une influence, de par les différences de perception et de perspectives, sur la manière dont on fait le pont entre les deux cultures. Nous ne semblons pas être capables de traiter ces concepts de façon systématique. De plus, souvent les locuteurs d'une langue possèdent également un dialecte régional dans cette langue, en plus de leur idiolecte, or nous ne savons pas exactement comment ces structurations supplémentaires affectent les aspects de mise en place des patrons culturels.

La gestuelle, de même que l'usage de la langue, montrent combien les personnes sont influencées par les transactions inter-linguistiques. Un exemple frappant est celui du cas où récemment un collègue a fait une traduction à être envoyée par Internet, pour des employés en Inde pour éviter d'envoyer du personnel de formation, des consignes de fonctionnement des freins de locomotives pour une succursale de là-bas de cette technologie de renommée mondiale dont le siège est à Kingston en Ontario. Nous n'irons pas jusqu'à critiquer la manière dont ce fût fait, mais il est évident qu'une grande expertise est nécessaire dans la manière dont des renseignements sont présentés à la fois visuellement et verbalement, car dans ce cas cité, il a quand même fallu envoyer des experts pour donner des sessions de formation, car les collègues outre-mer n'étaient pas assez mis en confiance par les directives reçues par l'intermédiaire des médias. Dans ce cas, un manque de confiance était-il à la source du problème, était-ce plutôt d'habitudes culturelles dont il s'agissait, ou de la manière de présenter les actions par un non-expert dont les patrons cognitifs ne correspondaient pas non plus aux attentes de l'autre groupe. Il leur fallait des démonstrations sur le tas.

Ceci est extrêmement utile à savoir dans le cas des nouveaux dans les écoles et nous conforte dans notre opinion et soutient aussi les nouvelles directives ministérielles visant l'attention toute particulière à porter à chaque apprenant.

Peut-être n'est-il pas nécessaire de tout apprendre sur ce que constitue « la réalité » pour chaque personne derrière le filtre culturel particulier mais sans doute suffit-il de se rendre compte par l'observation des conduites communicatives, de celles qu'il serait bon d'adopter pour l'enseignement, de celles qui facilitent l'apprentissage et d'éviter celles qui retardent le développement de la mise en confiance et cela est absolument primordial dans des contextes transculturels.

Dans l'ensemble il semble qu'on accepte mieux la notion que c'est la culture partagée qui enlève les obstacles communicatifs. Ceci devrait alors aussi s'appliquer dans le cas d'une langue partagée, essentiellement le partage de style langagier. Il s'agirait donc, après des investigations, d'établir le style le plus bénéfique pour les échanges ou d'établir une fonctionnalité réciproque à l'aide d'un procédé par essais et erreurs.

Jusqu'à quel degré les aspects non-verbaux jouent-ils un rôle? Deacon (1997) ainsi que d'autres chercheurs leur accorde un rôle primordial disant qu'on ne peut croire que la réalité peut être appréhendée et exprimée par des paroles entièrement. Il se pose même la question relative à la capacité de l'individu d'exprimer sa réalité par le biais de l'expression verbale ou non-verbale car l'activité mentale ne trouve pas nécessairement un chemin à se frayer pour s'extirper de notre cerveau. Certains chercheurs qualifient ce que nous exprimons allant jusqu'à le réduire en la performance d'une danse. La manière dont celle-ci est produite pose encore davantage de questions d'interprétation. En résumé, ils pensent que de cerner le sens exact est impossible.

Cependant, dans les situations où ont lieu des transactions et dans le milieu professionnel, notre conduite correspond plus à ce que nous avons appris quant aux attentes pour l'emploi donné et notre réalité personnelle est dominée par les demandes de la situation professionnelle. Ceci correspond aussi aux principes de coopération selon Grice (1993). Les nouveaux à l'école se trouvent aussi dans des situations semblables.

Peut-être est-ce seulement quand nous devons faire face à des difficultés que nous faisons appel à ce que nous savons personnellement ou ce que nous avons appris en termes de conduite humaine. Très souvent dans des situations interculturelles quand il y a des conflits affectifs dans les classes, les élèves ont recours à la langue maternelle et ceci souvent dans des classes d'immersion, au lieu de continuer en langue cible (Trognon & Larrue, 1988).

Malgré tout cela, les recherches sur les rendements individuels (Snow, 1984, Lantolf & DiPietro, 1984 ; Lantolf, 2000) montrent que les bilingues dépassent les élèves qui n'ont suivi que des programmes monolingues à l'école. Les résultats de leurs études indiquent que des services bilingues et biculturels permettent aux élèves d'avancer dans les classements de façon significative. Ils ont aussi trouvé que le recours à la langue maternelle et le mélange de langues se sont avérés utiles pour la compréhension et la négociation de sens. Ceci pourrait aussi être rattaché au rôle joué par le filtre affectif, qui selon l'hypothèse de Krashen, provoque des interférences avec l'apprentissage quand on fait face à des difficultés et est même totalement bloqué, quand l'anxiété est élevée ou qu'on est en colère et dans ces cas aucun apprentissage ne passe.

3.2. Le côté affectif

L'exemple de l'installation des freins de locomotive mentionné ci-dessus, montre que des schémas et des images ajoutés aux textes n'étaient pas suffisants et que même l'exemplification physique suivie de mise des mains à la pâte dans le contexte socioculturel furent nécessaires avec encore davantage de représentations imagées, malgré les connaissances de haut-niveau et l'expertise transmise à travers le format électronique de ceux qui avaient participé à la création du cours de formation. Cela rejoint l'idée que nos construits personnels recherchent la confirmation que nous sommes sur la bonne voie. Nous aimons la rétroaction mais pas dans le sens d'être critiqué, mais plutôt dans le sens que nous attendons des compliments pour notre exactitude et notre quête de la précision et de la recherche de ce qui est juste pendant le processus. Nous n'aimons pas l'inexactitude ni les pertes de temps impliquées dans les approches par essais et erreurs. Peut-être que de plus, l'anxiété qui se serait rattachée à l'incertitude du résultat et même la catastrophe, dans la situation où le processus d'installation des freins devait être effectué et testé dans un contexte réel à partir des instructions électroniques et qui aurait aussi pu avoir des conséquences graves, a bloqué le filtre affectif des ouvriers concernés. De plus que les mots, ces personnes éloignées voulaient observer les experts et entendre les commentaires de leurs camarades de travail ainsi qu'un soutien en leur langue maternelle et tous ces aspects combinés assurèrent finalement le succès de l'opération. Dans ce cas aussi il n'était pas nécessaire de découvrir les blocages ou les barrières. Le tout était d'assurer que les ouvriers se sentent à l'aise dans la construction et l'installation des freins, il fallait qu'ils sachent qu'ils faisaient leur travail correctement.

Byrne (1984), Byrne et Worth Gavin (1996) disent qu'il ne faut pas à tout prix trouver la « réalité objective » d'une personne mais il est important de trouver comment certains objets ou valeurs se détachent dans la conscience de certains membres d'un groupe et la manière dont ces éléments importent dans le fonctionnement de la culture.

Pour arriver à cela il faut créer un climat d'ouverture sur l'apprentissage par l'expérience.

Nous pensons qu'il faut éviter que des facteurs issus de forces extérieures puissantes surmontent les mécanismes de la pensée individuelle. On a trouvé comment les émotions créent des interférences chez les élèves pour les déstabiliser dans leur usage de la langue cible jusqu'à les réduire à ne pouvoir fonctionner que dans leur langue maternelle (Leary & Tangney, 2003). Selon les chercheurs, à ce moment, l'accès à nos ressources normales de résolutions de problèmes et celles qui mettent en mode procédural d'autres faits, est interrompu par un fil de pensée qu'on appelle « le monologue interne ». De par ce fait, la charge cognitive devient trop lourde et on dit que la seule façon de s'en sortir est d'identifier la dissonance, de s'y confronter et de résoudre la situation. Il semble que dans l'histoire des freins, c'est exactement ce que les ouvriers ont fait. C'est seulement une fois que le monologue intérieur est dominé que l'interaction entre les personnes peut se poursuivre et que les personnes peuvent mettre ensemble leurs ressources en vue d'atteindre l'objectif commun visé.

L'équipe d'ouvriers a fait plus que cela. Elle a obtenu qu'une équipe d'experts vienne démontrer les étapes nécessaires physiquement et ils ont exigé que soit aussi entraîné un d'entre eux, un ouvrier possédant mieux la langue cible que les autres, afin qu'il puisse à son tour faire les démonstrations nécessaires pour ses camarades dans leur langue maternelle avec un suivi. Suite à cela chacun d'entre eux s'appliqua à passer par toutes les étapes sous l'œil attentif de l'expert venu du Canada. Dans ce cas, les enseignements se sont faits dans une transposition transculturelle par l'expert par le biais d'essais et d'erreurs interlinguistiques. Ainsi cette transposition du poids du sérieux de l'interaction de la métaphore personnelle ou l'interprétation de, ou le jugement porté sur, la personne vers une négociation au sein du langage, a permis un décalage qui a très bien pu réduire le blocage des participants et minimiser la distorsion dans le traitement de données sur le plan interne.

La leçon qu'on peut tirer de tout ceci est que l'appel fait à la L1 ou une L3, L4 quand c'est possible au sein d'un groupe peut permettre aux personnes impliquées d'être mieux placées pour se débarrasser des distorsions qui pourraient être causées par des soucis ex-temporels variés lors du traitement de données.

3.3. L'importance des groupements

Le travail à deux est important. La résolution de problèmes en groupes ne peut rendre compte de ce qui se passe entre deux individus précis car cela constitue une expérience unique.

D'autre part, quand on s'adresse à un groupe, on ne peut se faire une idée de la moyenne des réactions après avoir fini notre exposé. C'est difficile car il faut se faire une idée de la dynamique du groupe et des variations correspondant à la manière dont le locuteur établit des liens avec chaque participant du groupe du début de l'interaction jusqu'à la fin. Donc pour simplifier les échanges il serait de bon aloi de faire communiquer en paires seulement, en donnant de plus des limites dans le temps et l'espace environnant.

L'on se devrait aussi d'adopter un modèle métaphorique. Il est en effet impossible de prédire le déroulement des interactions interculturelles, car cela peut changer à tout moment. Parfois les mots sont trop limitatifs et il y a lieu de faire appel à une expansion des situations. Ne connaissant pas suffisamment l'autre, aucun des participants ne saura comment contrôler la situation.

Comme dans la communication intra-langagière il y a plus de pression dans une direction donnée car on a appris à le faire dans sa première langue, il serait sans doute souhaitable aussi que les interlocuteurs puissent s'exprimer par moments en langue maternelle, mais cela n'est possible que si un nombre suffisant de locuteurs de cette première langue se trouvent ensemble dans la même classe. Halliday (1985) prône une approche socio-sémiotique dans l'interaction pour aider à réfléchir à des façons d'améliorer les échanges. Myers (2004) penche pour la prise en compte de la sociopragmatique et de la pragmalinguistique dans l'usage de langue en situations interculturelles translinguistiques afin d'amener une prise de conscience plus pointue des nuances. Il s'agit de permettre d'inclure les choix idiosyncratiques que font les individus dans leurs choix langagiers. Devrait-on tirer de cela que le fait de permettre aux clients et aux employés de recevoir des services et des possibilités d'interaction dans la langue de leur choix, même si le besoin de mélanger ou de passer à un autre code se fait sentir, surtout dans les situations délicates, permettrait de nettement améliorer les échanges ainsi que les résultats escomptés ?

Il va de soi que de chercher les renseignements nécessaires et mener des discussions dans la langue locale et aussi dans la première langue permettra à la personne de mieux réussir. Ceci semble déjà être le cas dans le monde des affaires, et sans doute à l'école il faudrait voir comment implanter des démarches de ce genre de manière systématique. L'on fait déjà souvent appel à des informateurs, mais ce sont souvent des traducteurs extérieurs à la communauté. Morin (2001) nous rappelle que la langue peut représenter la beauté, peut parfois être un modèle de clarté et de précision mais parfois aussi une arme dangereuse et c'est pourquoi les personnes qui ne possèdent pas bien la langue locale peuvent se retrouver dans des situations à risques. Donc le fait d'être multilingue dans le contexte de l'emploi devrait donc être considéré comme un avantage certain.

À cause de l'augmentation de la mobilité il est indéniable que le phénomène des identités sociales en transition est à prendre en compte (Bolton, 2010 ; Bong & Clark, 1999 ; Cranton, 2006 ; Gudykunst & Kim, 1992 ; Held, 1991 ; Hollins, 1996). Les locuteurs venant de cultures diverses devraient « écouter plus que de parler, se montrer d'accord plus que de provoquer des confrontations, être subtils, indirects, dire des choses dangereuses de manière à ce que leur impact ne soit ressenti qu'après le départ de l'interlocuteur pour qu'il n'y ait pas lieu de subir de rétribution de sa part » selon Lakoff (1990, p.205).

Il y a lieu de noter que le changement de registre et le mélange de langues n'est cité que dans des cas d'interactions en petits groupes et ils sont aussi jugés efficaces lors d'échanges entre deux personnes.

3.4. L'empathie

Si le travail en binômes n'est pas la solution en classe pour une économie de temps mais dans ce cas, faire appel à l'empathie ou le sentiment qui fait qu'on ait de la sympathie et qu'on supporte les autres dans le groupe, paraît plus faisable.

Ce sentiment pourrait aussi être utile pour améliorer les interactions interculturelles dans d'autres domaines après une discussion plus approfondie et une meilleure articulation de ce que cela signifie. La notion devrait s'élargir dans toutes les cultures, vu les différents systèmes de conceptualisation qu'on trouve en contrastes. Cela est d'autant plus important que lors des échanges interculturels les personnes en présence, ce faisant, négocient en même temps leurs identités socioculturelles (de Jong & Harper, 2005; Delpit, 1995).

Quand on se sent en union avec une personne ou une culture, les interprétations qu'on fait correspondent à celles que feraient les membres de la culture donnée. Mais cela ne veut pas forcément dire que l'autre exprime les sentiments avec d'autres échelles de valeur, ce qui rendrait difficile ou impossible d'appréhender tous les détails avec exactitude ou de prédire la suite des évènements. Mais nous savons que l'empathie est grandement axée sur la cognition. Alors qu'il peut se trouver difficile d'avoir de l'empathie pour certaines formes de sentiments, nous sommes à même d'exprimer notre empathie envers les autres. Il est aussi vrai que des personnes peuvent exprimer leur empathie différemment même devant la même situation. Certains d'entre nous pleurent de joie ou de peine, d'autres quand ils font face à des obstacles insurmontables ou quand ils sont forts en colère.

Le degré d'empathie varie en fonction de ce que la personne ressent. Toujours est-il que nos interprétations transculturelles peuvent être fausses, alors comment pouvons-nous savoir qu'une personne a besoin de support affectif, jugeant cela selon nos normes et non selon celles de l'autre culture. Nos efforts pourraient même être perçus comme des insultes et il faut donc être mieux informé et plus perceptif, ce qui peut même être insuffisant car le sentiment d'empathie est aussi représenté sous des formes variées selon la culture en question. Là encore, il serait bon de procéder par des interactions interlangagières pour expliciter les situations dans lesquelles on se trouve. Donc, voici un autre cas où une personne intermédiaire pourrait être utile ou alors il s'agirait de former de telles personnes car sans nul doute elles ne sont pas faciles à trouver, car il faut qu'elles acceptent d'apprendre tout le bagage culturel afin de pouvoir se mettre dans la peau d'un interlocuteur, avec la même manière de ressentir les conduites.

Pour être efficace en interaction interculturelle il faut donc un apprentissage.

Comme cela se rapporte à la perception, il est probablement plus utile de trouver des solutions par une approche holistique et de faire appel à la créativité, se basant sur un entendement général de la condition humaine. La question du choix du médiateur adéquat dans une situation particulière se pose toujours.

3.5. Les formes de médiation prônées

Pour des médiateurs entre deux cultures, il est important d'assumer un dédoublement de sensibilités et la mise en conscience des deux et cela ne peut se faire sans un entraînement préalable aux compétences. Pour commencer, l'on pourrait peut-être examiner là où se font les changements d'utilisation de langue pour voir quels en sont les effets dans le cas de n'importe quelle paire de langues. D'après nos observations à la fois au Québec et en France, pour exprimer leur empathie envers les anglais, les français passent à l'anglais pour aider leur interlocuteur dès qu'ils détectent un accent assez fort et un nombre d'hésitations. Cela peut ne pas avoir le résultat attendu, surtout dans le cas d'étudiants qui veulent se perfectionner dans la langue. Des résultats de recherche ont aussi montré que tel était le cas. Mais autrement l'on aurait pu penser que c'est un signe d'impatience ou de paternalisme, mais selon mes expériences cela est vraiment dû au fait qu'on veut aider. Tout comme cela se présente dans d'autres cas, quand les conduites sont implicites, il faut que quelqu'un attire l'attention consciente sur elles pour qu'on puisse les modifier si nécessaire.

Cela démontre que même des preuves de bonne volonté peuvent ne causer que des interruptions dans la manière de penser dans une autre culture. Ce sont à la fois une compétence communicative approfondie et une compétence culturelle générale qui sont requises. Cela présuppose la capacité de gérer les différences entre les interlocuteurs et composer avec l'incertitude et l'anxiété inévitables qui en résultent. D'autres qualités sont aussi nécessaires car il faut persister, réconcilier les différences, intégrer diverses identités pour se dépasser. Chaque situation présente aussi des caractéristiques différentes et les aspects contextuels sont importants.

3.6. La contextualisation

Il faut tenir compte d'un nombre d'aspects différents pendant les négociations, notamment avoir conscience et respecter les besoins de développement de la personne, qu'ils soient linguistiques (à la fois pour la L1 et la L2), académiques, cognitifs, affectifs, sociaux ou physiques. Pendant ces processus toutes les autres langues connues devraient intervenir si elles peuvent être utiles pour faciliter la communication et résoudre des problèmes. Il faut faire des efforts pour l'encodage et le décodage des messages pendant toute la durée de la négociation et la renégociation dans le monde des relations humaines. Cela fait partie de l'adaptation au monde. Celle-ci produit des changements dans l'organisation du soi en permettant de s'ouvrir à une série différente d'exigences environnementales. Elle est nécessaire pour maintenir une cohérence interne et l'unité de la personne (Kim, 1986). Ceci permet d'opérer des raffinements continuels et de revoir ses propres positions. Dans une autre langue, car cela ne s'apprend pas sur le tas, de façon naturelle, l'on n'est à même d'anticiper ce qui va suivre dans une interaction que si l'on a compris à partir d'explications données les patrons d'usage qui sont toujours semblables et les liens fonctionnels entre eux. La précision requise pour cela va certainement être mieux cernée si les langues en question peuvent faire l'objet d'un usage intensif dans la négociation des sens. Kim mentionne que cela exige d'être en forme fonctionnellement et d'être en bonne santé mentale mais montre cependant les degrés variés par lesquels l'adaptation à un nouvel environnement ronge la santé mentale à cause de constantes frustrations. Elle va même jusqu'à dire que le sentiment de panique extrême qui peut être provoqué par le fait d'être privé du droit de comprendre totalement ce qui se passe peut avoir pour résultat des séquelles graves et prolongées pouvant jusqu'à provoquer la désintégration psychique. Par contre si la résolution des conflits aboutit, cela donne à la personne l'occasion d'émerger des situations troublantes avec une identité plus élargie que l'identité précédente selon Kim. Par conséquent, il y a lieu de croire qu'une approche intégrant l'utilisation de la langue pour réduire, et aller jusqu'à anéantir le stress dans le for intérieur, ne pourrait avoir que des effets bénéfiques.

3.7. Considérations d'ensemble

Un cadre théorique qui permette d'intégrer tous les aspects cités ci-dessus, dans notre discussion des pour et des contre par rapport au passage d'une langue à une autre dans les interactions devrait nécessairement inclure les conditions suivantes, notamment le développement de la compétence communicative, la prise en compte des facteurs cognitifs et affectifs au sein de petits groupes, peut-être même la formation de binômes pour un soutien réciproque, une définition de l'empathie comme elle devrait être appliquée dans le contexte donné, selon les structures mentales du groupe en question, l'établissement du profil désirable d'un médiateur qui pourrait être efficace dans la situation donnée et l'identification d'un procédé permet les interactions interculturelles dans le sens qu'il puisse permettre de faire bénéficier toutes les personnes dans le système pris en considération.

Gibson (1998) d'après ses recherches sur les enfants bilingues conclut que les bilingues ont une meilleure habileté métalinguistique, c'est à dire qu'ils possèdent une pensée plus souple et une meilleure capacité d'abstraction par rapport au langage. L'expérience bilingue permettant un meilleur contrôle des processus mentaux selon Padilla, Fairchild et Valadez (1990, p.47-59). La recherche amène à pousser vers l'instauration d'une base intégrée solide dans la transmission translinguistique des compétences. Cela est conforté par ce que nous savons sur les prérequis pour la traduction. Il faut posséder un grand degré d'agilité mentale et être conscient des correspondances ainsi que des caractéristiques distinctives des langues examinées. Ce qui est souvent le cas. C'est que la langue d'origine s'infiltre dans la traduction, mais cela ne veut pas nécessairement dire qu'il y a eu confusion. Dans le modèle suggéré, ce fait ne poserait aucun problème à un médiateur inter-linguistique, vu sa familiarité approfondie avec les deux langues concernées.

Les personnes bilingues et les locuteurs à langues plurielles passent d'une langue à une autre quand la situation l'exige, tout en étant tout à fait capables de séparer les langues dans les interactions avec des personnes qui ne parlent qu'une des langues. Spanos et Crandall (1990, p.157-170) parlent des différences entre la langue parlée à la maison et le registre de langue attendu à l'école ou dans le milieu du travail et disent qu'elles peuvent être dévastatrices quand une personne parle couramment la langue à la maison mais n'est pas à même de le faire de manière aussi efficace autre part. Dans le cas des nouveaux arrivants de langue française venant de pays où l'on parle une autre variété de français ces difficultés surgissent dans leur vie quotidienne. Il est aussi question de différence de contenu même si la variété est la même. La différence dans ce cas se situe aux niveaux langue sociale versus langue de travail ou de l'école. Dans un cas quelque peu différent l'on a reporté qu'en France certains travailleurs nouvellement arrivés très qualifiés et possédant un niveau de langue supérieur, maintenaient leur langue de travail au niveau professionnel de façon adéquate mais évitaient la socialisation en milieu de travail pour ne pas être jugé, par référence à leur niveau de langue familière et sans doute aussi à cause des différences culturelles dont l'impact se serait fait sentir dans les situations de socialisation. Ils étaient donc motivés à faire cela pour des raisons différentes.

Pour sa part, Snow (1984) recommande qu'à l'école l'on utilise efficacement une langue décontextualisée, impersonnelle, complexe et quelque peu distancée car les situations scolaires sont éloignées des contextes de la vie réelle et il en va de même dans le monde du travail. Ceci rejoint en quelque sorte l'idée du principe de coopération de Grice dans le monde du sérieux. Mais n'en est-il pas autrement suite aux nouveaux développements prônés en éducation car on fait souvent abstraction des contextes qu'on trouve dans la vie réelle ? Si l'on s'en tient à l'idée de Snow, et ce fut le cas dans le passé récent, les interactions exigent des efforts cognitifs supplémentaires car cette langue de l'école se veut plus abstraite, plus dense conceptuellement parlant, serait moins redondante pour des raisons d'économie de moyens pour l'enseignement efficace et la situation serait davantage aggravée pour les nouveaux arrivants. Le médiateur translinguistique simplifierait donc le processus, en analysant la langue utilisée à chaque niveau de registre, afin d'éliminer les barrières à la compréhension qui existeraient, si ce travail n'était pas fait. L'accès à l'information peut, bien sûr, être renforcé par le support écrit. Il est important de retenir ceci car souvent dans les écoles au Canada on ne donne pas de texte scolaire aux apprenants. Il faudrait que les apprenants s'expriment en leurs propres mots explicitant ce qu'ils ont tiré des leçons afin de vérifier si cela correspond à ce qui était attendu, car pour faciliter la communication il est important de s'attacher aux gains d'information. La participation active de tout le monde aide aussi dans le processus de communication.

Sans nul doute les activités de résolution de problèmes en groupes pourraient se prêter à fournir les éléments nécessaires pour l'entraînement pour la communication efficace, cette idée est partagée par nombre d'experts. Le travail de groupe vise à augmenter la mise en contexte et à réduire la distance et l'abstraction telle que mentionnée ci-dessus. Pour aussi permettre de se familiariser avec l'impact des facteurs culturels lors des échanges, il s'agirait d'inclure des nouveaux dans les groupes. Il serait préférable que ces nouveaux partagent la même première langue afin de pouvoir y faire appel comme il l'a été suggéré plus haut car ceci permettrait de discuter différentes possibilités et élargir les points de vue. Ainsi les informations seraient partagées et présentées sous divers formats, et qui plus est, les nouveaux pourraient choisir les stratégies qui leur sont familières et avec lesquelles ils sont à l'aise.

Ceci permettrait dans le contexte d'un apprentissage en deuxième langue, à la personne qui est légèrement en tête, d'en profiter pour présenter les nouvelles informations aux autres dans la langue maternelle, afin qu'ils puissent les ajouter à leurs expériences, si cela s'avère nécessaire pour pouvoir résoudre un problème précis. Il est aussi possible que les nouveaux éléments d'apprentissage soient présentés dans la langue de travail, pas nécessairement dans la langue maternelle.

Le coût que représenterait l'appel à un médiateur pourrait être élevé et l'idée de procéder au niveau du groupe semble beaucoup plus avantageuse.

Le fait de ne pas permettre d'utiliser la L1 dans le support des apprentissages serait à même d'empêcher que les plus doués soient identifiés à cause de la barrière langagière qui risque de les retenir.

Ceci est d'autant plus utile dans des interactions plus complexes. Le but communicatif peut inclure le besoin de planifier, de procéder à des analyses critiques, de faire des synthèses ainsi qu'exiger un appel à la créativité. Si cela peut se faire dans la L1 tout le monde y gagne.

S'il est nécessaire de prévoir un médiateur inter-linguistique, cette personne doit garder un journal de bord. Un journal répertoriant les dialogues est également utile. C'est une technique qui permet d'établir des échanges plus approfondis et améliorer les rapports entre les personnes, en leur donnant par exemple l'occasion de faire écouter leurs plaintes et leurs soucis. En favorisant de plus les échanges entre les différents niveaux hiérarchiques, il est même possible que de meilleurs moyens de communiquer puissent être découverts.

Des mesures prises au Canada par le biais de cours du samedi matin, permettent le renforcement de la langue d'origine, avec plus de 26 langues identifiées pour des cours à Toronto. Basée sur des résultats de recherches ayant identifié le besoin d'une langue bien développée pour que puissent s'y greffer d'autres, cette démarche permet aussi d'identifier des médiateurs inter-linguistiques parmi les plus âgés. Selon des nouvelles récentes le Ministère n'est pas indifférent à cette idée. Il faut également voir que le maintien de la langue maternelle facilite le retour dans le pays d'origine si telle est la décision prise.

Une question de rapports de forces se pose car le procédé pourrait être ralenti. Il faut éviter que le médiateur devienne le porte-parole des personnes qui ont le contrôle et rapporte des actions à la direction. Les administrateurs pourraient aussi se sentir en situation délicate si grâce au médiateur les nouveaux gagnent de l'influence. Il est évidemment aussi question ici de la différence des perceptions et des différences entre les valeurs morales dans différentes cultures.

À la base c'est la question des liens entre les personnes qui compte et il s'agit de voir comment ils sont établis. Il faut arriver à les développer pour améliorer la communication. En recherchant les valeurs, identités, histoires et le bagage culturel partagés, on obtient plus de connaissances et on comprend mieux.

Avec l'arrivée continue de nouveaux ces notions sont toujours en devenir, il faut à tout moment refaire l'équation et il n'est pas utile de faire appel aux vieux calques traditionnels. Le fait de suivre de près les nouveaux dans leurs transitions est une manière de se rendre compte des obstacles qu'ils doivent franchir.

Que l'on adopte une approche constructiviste ou interprétative l'on arriverait à se faire une meilleure idée de leur vie pendant leur transition. Leur demander de noter leurs idées et leurs sentiments dans un journal personnel permettrait de voir si progression il y a au fil du temps.

La sociométrie est également utile si l'on considère le besoin de faire des graphes. L'on pourrait noter comment les groupes utilisent les espaces, comment ils dominent dans certains endroits, comment ils sont agencés et des détails au sujet de leurs leaders ainsi que leurs interactions entre eux et avec les non-membres du groupe. Ceci pourrait être très utile aux nouveaux pour, soit rejoindre un groupe donné, ou bien l'éviter.

La psychologie culturelle constitue également un domaine utile car on y considère une culture comme dynamique et en expansion, posant le processus d'acculturation comme central dans le développement et l'apprentissage, plus selon les lignes directrices des approches aborigènes selon lesquelles la culture n'est comprise que dans le contexte dans lequel elle opère. Ce qui implique que la psyché et la culture sont vues comme interdépendantes et se confortent l'une l'autre. Si l'on adopte de telles considérations, les seules approches de recherche utiles sont la phénoménologie, l'ethnographie et l'herméneutique.

En effet celles-ci pourraient permettre de se construire une vision du futur car cela constitue la seule façon pour les personnes de se rendre compte de leurs savoir-être et savoir-faire et de changer leurs manières. Une fois le tout posé, les personnes peuvent choisir les aspects positifs de leurs différences culturelles, en faisant des choix autonomes après avoir développé la prise de conscience de leur condition présente et de leur capacité actionnelle pour amener des changements. Donc une réflexivité supplémentaire serait à même d'améliorer la communication. Si les chercheurs établissaient ces paramètres, ceux qui sont en quête du changement pourraient procéder plus rapidement, ce qui est de plus en plus nécessaire de nos jours, compte tenu des mouvements de population de plus en plus pressants. Le Canada a annoncé en 2014 que le pays accepterait 250 000 nouveaux alors que l'Allemagne comptait sur 160 000 nouveaux travailleurs qualifiés et que la France maintenait une politique d'ouverture des frontières.

Si, d'une part les nouveaux doivent produire des efforts, il n'en est pas moins des hôtes qui doivent éviter d'adopter une attitude réductive face aux expériences passées des nouveaux et leur représentation du nouveau qui résiste, représentation qui pourrait faire surface. Suite à une étude sur le terrain, Myers (2006) conseille de se pencher sur un nombre d'aspects, notamment 1) le montant de participation; il faut en effet inclure les nouveaux dans la communauté, permettant au rassemblement des personnes de faire connaissance en partageant leurs expériences; 2) l'étendue de la dissémination des informations et les partenariats car il ne suffit pas d'inclure seulement quelques personnes choisies et il faut aussi inclure des nouveaux dans des rôles dominants de leader; 3) le degré de prise de conscience des individus concernés, si le besoin s'en fait sentir il faudrait prévoir des ateliers pour augmenter la prise de conscience dans certains secteurs; 4. L'expansion du réseautage car il faut profiter des médias pour permettre aux personnes de se connecter à d'autres avec lesquelles elles ont des choses en commun et cela permettrait de se consulter si des plateformes communes sont établies, même si l'on doit avoir recours aux enfants ou à des informateurs comme médiateurs. 5. La capacité de naviguer à travers les questions du jour: il faut s'assurer que les nouveaux ne perdent pas pied et puissent comparer leurs problèmes quotidiens à ceux qui se développent dans le monde. 6. La facilitation de la mise en relation d'objectifs, en leur permettant d'identifier des moyens de connecter des questions importantes et de réduire les problèmes en en exposant les ressemblances dans le système ou en proposant des formats différents pour organiser l'information (Luhmann, 1984, 1987; Vermeer, 2006).

L'on peut faire appel pour ce faire à des manuels au départ, qui comprennent des exemples de questionnaires et des recommandations utiles dans les écoles et qui contiennent des données sur la communication interculturelle (Banks et al, 1993). Aborder les questions de cette manière aide pour une prise de conscience initiale et peut servir à illustrer avec soin et délicatesse les questions que l'on se pose.

Par exemple, poser la question de l'origine de la personne, comme c'est le cas au Canada quand on détecte un accent ou une culture différente ne donne pas une réponse qui puisse informer suffisamment parce que l'éclairage est trop étroit car il faut savoir qu'il y a une multitude de contextes physiques qui imprègnent les manières d'être d'après les résultats de recherche et aussi tout simplement le sens commun. Donc il faudrait aussi s'informer sur les détails régionaux, géographiques, sur le peuplement, qu'il soit dense ou éparpillé de l'endroit d'où viennent les personnes, les mouvements des personnes car à cause de la mobilité croissance les impacts et les expériences sont divers et surcomposés. Mais, en plus, la question des identités sociales et des divers rôles joués par les personnes joue un rôle car elles sont toujours plurielles. Pour les questions de langue, il en va de même, et il faudrait aussi savoir quelle/s est ou sont les langues préférées.

En Amérique du Nord, on reconnaît les différences et parfois l'on apporte un soutien spécial selon les besoins exprimés, dans le cas nécessaire des difficultés physiques ou de troubles d'apprentissage mais pas seulement, il en est de même pour les différences de style d'apprentissage pour les enfants dans les écoles.

Le fait de poser la question fait déjà prendre conscience du fait qu'il faut identifier cet aspect, en montrant que dans nos pays les besoins spéciaux doivent être déclarés pour obtenir de l'aide et informer sur cet aspect permet par la suite d'examiner ces questions plus avant. La mise en conscience des différences de contextes et la préparation du terrain pour l'apprentissage ainsi que le degré d'ouverture aux besoins d'apprentissage afin de permettre un développement continu, constituent des étapes dont il faut prendre connaissance et elles pourraient guider dans les échanges ultérieurs en vue des indications relatives à la sensibilité des interlocuteurs pour guider ses propres interactions. Ainsi on sait mieux naviguer les remous rattachés au manque de prise de conscience en communication interculturelle. La question relative au style d'apprentissage préféré, ou la manière d'apprendre qu'on préconise opposée à celle qu'on trouve la moins efficace, permet d'établir un profil qui peut renseigner sur le montant d'aide dont les personnes pourraient avoir besoin, soit qu'on juge qu'elles soient à même de se débrouiller selon un certain montant d'aide requise et permet aussi d'évaluer les différences individuelles. Ces questionnements devraient, de plus, indiquer aux personnes qu'on s'intéresse à elles et à ce qu'elles éprouvent, d'une manière à ce qu'elles se sentent comme des invitées. Afin d'établir des liens plus étroits, il serait bon de découvrir des détails plus précis sur ce qui intéresse les personnes afin de voir si on a des choses en commun ou les diriger vers des personnes plus compatibles.

Selon les chercheurs, dans les contextes scolaires quand les élèves interagissent, le contact entre différents groupes culturels peut potentiellement mener à des situations de conflit. Or l'éducation au Canada a pour objectif de favoriser l'interaction entre les élèves. Ce que nous appelons ici les langues d'origine ou du patrimoine, c'est-à-dire celles qui viennent des ancêtres, jouent un rôle dans la conceptualisation et la négociation, la prise de parole, la gestuelle etc., tout ce qui se rattache à la culture. Quand, en plus, l'on retrouve dans une classe un grand nombre de variétés de langues du patrimoine ainsi qu'un vaste éventail de cultures différentes, il va sans dire que cela peut impliquer des négociations multiples pour arriver à un entendement et des résultats positifs.

Pour l'enseignant, cela amène la question du management de stratégies d'acculturation, c'est à dire la nécessité de s'acclimater aux nouveaux aspects dans la culture nouvelle, la prise en compte des différences de conduite et du stress et de l'anxiété qui se rattachent à l'acculturation. Suite à ses recherches, Berry (2005) pose que les groupes et les personnes individuellement, suivent des parcours d'acculturation différents, faisant appel à une variété de stratégies différentes, et il met en relief différents modèles soit, selon un modèle d'intégration, d'assimilation, de séparation et de marginalisation. Ces quatre modèles de stratégies mobilisent à la fois des attitudes (faisant intervenir les réflexions et les préférences) et des conduites (s'agissant ici de la déclinaison au niveau d'activités observables). Il a observé que le montant de stress et d'anxiété ressentis varie entre les individus et pense que cela correspond à la qualité de leur mise en procès aux niveaux de l'adaptation psychologique et socioculturelle. Il va sans dire que le contexte physique dans lequel la personne se trouve a aussi un grand impact sur le processus. Berry a trouvé que les groupes et les personnes qui individuellement choisissent la stratégie intégrative ressentent le moins de stress et s'adaptent mieux que ceux qui font appel aux autres stratégies. Il note toutefois que ce choix est synonyme d'un grand nombre de négociations, donc requiert beaucoup d'efforts, mais qu'à la fin, il en résulte un nombre moindre de conflits. Berry suggère que l'acculturation a lieu pour plusieurs raisons (p.699). L'acculturation d'un groupe a un impact sur les structures sociales, les institutions et les pratiques culturelles existantes. Par contre l'acculturation individuelle affecte la conduite de la personne. Dans les deux cas, pour réussir l'acculturation, une accommodation mutuelle est nécessaire (p.699). Ces faits confortent le rôle important que joue la société d'accueil. Il est évident que ce procédé peut être de longue haleine. Avec le temps, les groupes et personnes apprennent à se connaître, se familiarisant avec les langues, l'alimentation, les manières de s'habiller et les différentes gestuelles et habitudes interactionnelles réciproques. Il s'agit d'un procès de dépouillement de culture suivi d'un nouvel apprentissage, ce qui risque de provoquer des conflits et de l'anxiété, spécialement dus au fait que ces changements, à la fois des groupes et différemment des personnes, se font de manière progressive, impliquant également des objectifs différents, ce qui est très complexe à conjuguer.

Les changements culturels diffèrent de l'acculturation ou de l'accommodation. Cette dernière étape entraîne des changements allant de pair dans les groupes dominants et non-dominants au même moment. Quant à l'acculturation individuelle, elle requiert l'observation des changements psychologiques et des différentes phases de modification de conduite des personnes qui occasionnent selon Berry « la mue culturelle », « le nouvel apprentissage et le conflit culturel…sélectifs, accidentels ou de perte intentionnelle de certaines conduites » (p.707).

Pour lui, il s'agit de prendre en considération, les habitudes d'expression, les façons de se vêtir, les changements alimentaires et ceux qui se manifestent au niveau de l'identité culturelle et de surveiller les manifestations du stress « par « l'incertitude, l'anxiété et la dépression » (p.702, notre traduction).

Il est d'avis que les adaptations peuvent être de nature psychologique (par exemple touchant le respect de soi) ou alors socioculturelle (pour ce qui touche à la compétence) en même temps. Zapf (1991), pour sa part, définit la culture comme un ensemble de manières d'être et de coutumes ainsi qu'un « réseau de significations partagées que l'on accepte d'emblée comme la réalité par ceux qui interagissent à l'intérieur d'un réseau donné » (p.105). Il va de soi que différentes cultures portent les gens à voir les faits différemment. Cette situation peut avoir pour conséquence la désorientation et peut causer des malentendus dus à des interprétations erronées. Zapf défend le point de vue que les conflits « sont dérivés de différences dans les règles acceptées, l'interprétation des sens et les valeurs adoptées » (p.106, notre traduction).

Donc pour les nouveaux dans les écoles, des défis supplémentaires peuvent se faire jour. Pour augmenter l'intérêt et mettre à l'aise les apprenants, l'on pourrait s'interroger sur les faits d'actualité courante qui pourraient les intéresser, les motiver à entreprendre des recherches et d'accepter les significations acceptées dans d'autres cultures, et ceci non seulement pour leurs besoins personnels mais également dans un contexte humain plus étendu, particulièrement quand il est question d'un apprentissage de langue pour aller au-delà d'un cadre étroit.

Sans nul doute la professionnalisation des enseignants se doit d'être remise à jour, car dans leur cas aussi, il s'agit de réaliser que leurs représentations correspondent à une synthèse du bagage culturel de chacun, des traditions et de l'histoire du développement des sciences de l'éducation, des enjeux pédagogiques et dans le cas d'un développement langagier, des principes de la didactique des langues développés dans les pays d'origine. Tous ces éléments se déclinent ensemble mais différemment pour chaque enseignant et font partie de la formation. Il pourrait être utile de se pencher sur les théories de représentation sociale issues de la psychologie sociale (Jodelet, 1991; Moscovici, 1961; Trognon & Larrue, 1988).

À partir de réflexions comme la précédente l'on est souvent amené à se poser la question autour de la valeur d'un développement professionnel. Surtout dans l'enseignement, le développement du jugement professionnel est souvent remis en question face à des résultats de recherche montrant qu'il existe une cassure entre ce que l'enseignant prétend faire dans sa pratique et ce qui se fait en réalité. Il va de soi que le montant de compréhension exigé de la part d'un développeur de curriculum doit être étendu, inclusif et non superficiel. Il est également clair, sur la base de données de recherche, que celui ou celle qui comprend la recherche dans son domaine de spécialisation est à même de faire usage des bases de connaissances amenant à une meilleure pratique.

Chapitre 4.

La politique du « Succès pour tous »

La formule adoptée en éducation en Ontario est le succès pour tous. Ceci est-il dû au besoin d'intégrer les nouveaux dans la société ou à la nécessité de penser également aux jeunes de la région, qui, eux aussi, doivent subir des changements par leur contact avec les nouveaux, de multiples transformations ont lieu dans leurs vies aussi.

Il va de soi que pour implanter des stratégies visant ces buts, il est primordial de commencer par les enseignants.

Les enseignants en formation doivent acquérir les savoir-faire et apprendre à les utiliser à bon escient. Ce processus de « socialisation professionnelle » est quelque peu comparable au modèle d'acculturation (Brown, 1980, p.129) pendant lequel on s'ajuste d'abord à la nouvelle culture, dans ce cas il s'agit de la culture de l'enseignement. Les directives ministérielles sont aussi à prendre en considération dans les manières dont les enseignants agencent les programmes et répondent aux besoins d'apprentissage. En Ontario, les programmes de base dans toutes les matières scolaires sont décrits dans des guides dans lesquels sont dictés les contenus et les applications. Par exemple, pour le français langue seconde l'on place l'accent de manière très prononcée à poids égal sur les principes pédagogiques, l'instruction, c'est à dire la didactique du français et les différentes manières de prendre en compte les contenus pour l'enseignement, l'apprentissage et l'acquisition.

La langue y est décrite comme la manifestation linguistique de la conduite humaine et la culture est présentée comme la mise en patrons des conduites. L'on reconnaît que chaque culture présente un patron de conduites unique, qu'elles soient linguistiques ou autres, de même que des icônes, de l'artisanat, des histoires etc. On souligne aussi que d'apprendre de nouvelles langues et leur culture signifie d'accepter de faire des accommodations et une intégration successive de concepts semblables ou différents partagés par les différentes cultures. De tels concepts sont imprégnés par des relations entre langue et culture, qui sont aussi reflétées dans la relation entre la forme et le contenu d'une langue tout comme l'ajout des croyances, des valeurs et des besoins à la fois de l'apprenant et de l'enseignant. Les discours tenus par les enseignants et les contenus culturels en classe de langue ont toujours constitué un sujet intéressant pour les chercheurs en éducation, vu l'étendue de ces sujets et la diversité culturelle à laquelle ils sont confrontés, souvent influencée par le conflit entre deux langues et leurs cultures. L'intégration culturelle dans les classes de langue est importante au point qu'on devrait insister sur le fait que les enseignants dans ces classes ne soient pas seulement des spécialistes de langue mais aussi des spécialistes de la culture, les rendant ainsi à même de produire les passerelles nécessaires entre la première langue et la langue cible.

Tout ceci dicte une nouvelle perspective sur la correction grammaticale.

Les formes grammaticales sont plus faciles à gérer en contexte. Le contact entre les langues en est également affecté. Les jeunes en contact se trouvent mutuellement transformés et l'on ne peut être aussi sévère quant à l'utilisation de la langue quand les impacts sont si importants. Le Ministère prône une nouvelle approche grammaticale et ceci tombe bien car ce qui est nécessaire c'est de donner plus de temps pour permettre aux éléments langagiers de se mettre en place vu l'immensité des changements par ailleurs. Les directives ministérielles pour le français langue seconde font mention d'une nouvelle approche grammaticale et l'on insiste sur l'importance d'adopter une approche culturelle. Les enseignants dans le cours de formation doivent comprendre que les aptitudes naturelles des élèves à la communication doivent être entretenues, développées et doivent viser une expansion continue de manière à se préparer à faire face aux défis de devoir continuellement s'adapter à la différence. Ils pourront ainsi, du moins on l'espère, être préparés à interagir avec la motivation d'arriver à un entendement et une acceptation. Dans le cours de formation on s'est attaché à faire modeler ces aspects interactifs précis cités dans une approche d'action sociale (Banks & Banks, 2001; Forster, 1989). Il s'agit de prendre les décisions par rapport à la meilleure manière d'enseigner la communication dans une classe de langue seconde interculturelle, la grammaire n'occupant plus qu'une place secondaire, en jouant toutefois un rôle plus important comme le support des interactions spontanées dans la deuxième langue. Ceci est sans doute la meilleure approche pour viser la communication dans la nouvelle langue car l'usage est généralement dominé par la question relative à la manière dont on appréhende l'ensemble d'une situation tout en mesurant son adéquation au climat affectif ambiant, ce que Zarate (1986) compare à l'ensemble « décor et scène ». Ce qu'il convient de voir, c'est l'équilibre que cette nouvelle approche essaie d'instaurer.

4.1. Mesurer les compétences et le support donné par des vidéos exemplaires

Les modèles donnés par le Ministère pour illustrer cela sont présentés sous la forme de vidéos de classes filmées montrant les interactions allant dans ce sens. Il apparaît que cela se fasse de façon tout à fait naturelle, mais l'on surprend généralement l'enseignant faisant référence à la leçon de grammaire préalable, donc la phase présentée sur les vidéos n'est vraiment que la phase d'exploitation de la leçon et l'on ne sait pas vraiment comment les explications préalables ont mené à ces démonstrations d'interactions en classes. Il sera bon de voir plus de détails à ce sujet dans les documents qui vont sortir.
Le gain important observé se situe au niveau de l'évaluation des compétences.

Il est important de noter que la mesure des compétences des apprenants ne se fait plus au hasard selon différentes écoles de pensée, mais est par contre alignée sur le Cadre Européen Commun de Référence pour les langues avec, de plus, une certaine adaptation au contexte canadien. L'expression clé est l'approche « je suis capable » (en anglais «the Can-do approach »), donc rattachée à ce que Myers qualifie de « compétence en performance ». Il faut ajouter à cela différentes perspectives prises sur l'apprentissage, ne pas confronter les capacités des uns et des autres mais mesurer de manière authentique le fonctionnement langagier selon des critères permettant une progression autonome, donnant à chaque apprenant l'autorité de mesurer son propre progrès et une capacité de prise de décision par rapport à son propre apprentissage futur de la langue.

Ces vidéos ont été préparées par le Ministère pour les enseignants avec l'idée qu'elles représentent ce qu'on attend d'eux en démontrant les stratégies à utiliser.

Un examen critique de ces enregistrements vidéos permet de mettre en relief d'une part, comment les contenus soutiennent les intentions sous-jacentes aux nouvelles directives programmatiques tout en contenant un nombre d'inexactitudes, d'autre part, découvre un manque de compréhension profonde par les enseignants filmés, des principes pédagogiques que l'on se veut être en train de prôner, car il apparaît que l'on a mal interprété ou bien pas assez bien compris de quoi il retourne dans les nouvelles applications pédagogiques. Malgré ces manques, il est clair que cette approche « je suis capable… » (Can-Do) ne veut en aucun cas signifier que l'enseignant peut se détendre et prendre du recul en faisant travailler les apprenants, bien que les exemples d'application présentés dans les vidéos pourraient y faire croire, surtout quand les manières de mesurer le rendement sont quelque peu incomplètes. L'œil averti des experts sait déceler tout le dur travail qui a été accompli en aval pour arriver au résultat qui est filmé. Il va sans dire que l'on a aussi choisi les meilleures classes comme échantillons à présenter, ce qui d'autre part ajoute un autre handicap pour les enseignants qui doivent œuvrer dans des classes moins avancées. Ce qu'il faut ajouter de plus c'est une remarque relative au contingent et à la situation privilégiée des écoles choisies à Ottawa, une des seules villes bilingues au Canada, ce qui change totalement la donne, puisque ces élèves ont des contacts avec le français à l'extérieur de la classe car ils se trouvent en situation d'immersion dans la langue et la culture en milieu naturel. D'autre part, l'activité physique déployée par ces enseignants filmés pendant la classe, qui a été l'objet de l'observation pourrait même jouer au détriment des objectifs visés car, être occupés toute la journée d'enseignement comme l'étaient ces enseignants filmés pendant une classe requiert une force physique extraordinaire pour leurs démonstrations, l'attention portée à chaque élève, les actions liées à la gestion de classe, les activités de rétroaction constantes, à la fois sur les aspects langagiers et les stratégies à utiliser, et sans oublier tout le travail de préparation exigé. Bref ces classes filmées constituent des tours de force visant à représenter un facilitateur idéal. Seulement sous tout ceci l'on peut aussi percevoir un certain laisser-faire dans l'usage de la langue par les étudiants, allant jusqu'au laisser-aller? Il est évident que cette tolérance devient tout à fait nécessaire, face à la nouvelle approche et à la multiplicité des contextes des apprenants. Toujours est-il qu'il ne faut pas oublier d'attirer plus l'attention des élèves sur l'auto correction à un moment donné pour que les formes erronées utilisées ne se fossilisent pas.

Il semble donc par conséquent que les futurs enseignants soient pris dans le conflit entre les moyens traditionnels d'évaluer avec lesquels ils ont une certaine familiarité et les changements de représentation mentale nécessairement liés aux nouvelles démarches prônées. Le message positif à retenir est qu'il faut bien évaluer afin de mesurer ce qui a été appris. Cette mesure n'est pas en contradiction avec les nouvelles perspectives à adopter, mais ici encore cela accroît la charge de travail, particulièrement dans le cas d'enseignants qui ont des attentes élevées et quand les apprenants ne sont peut-être pas prêts car leur seule préoccupation est d'obtenir les meilleures notes possibles qui leur garantissent l'entrée à l'université, car ici cela se fait uniquement sur dossier. Les enseignants se font une idée tout à fait exacte de l'importance du feedback à donner et les liens qui lient les mesures du rendement et l'apprentissage.

Les étudiants dans les cours de formation au Canada ont généralement déjà fait des stages dans les écoles, ils ont peut-être seulement aidé des enseignants sur le terrain mais ceci sans qu'on leur ait initialement, fait part des concepts sous-jacents aux pratiques recommandées par le Ministère. Donc, le fait de trouver de la résistance auprès d'un nombre d'entre eux, plus tard dans le cours de formation, face aux nouvelles impératives, n'est pas surprenant et cela se traduit par « je sais déjà tout ça », « j'ai déjà enseigné dans les écoles et le prof m'a laissé faire tout ce que je voulais et était content » ou encore « je n'ai pas besoin de savoir plus que ce que je sais déjà ». Cette situation est d'autant plus grave qu'aucune sélection n'est faite parmi les enseignants auxquels l'on envoie des enseignants en formation.

La nouvelle approche grammaticale fut sans doute instaurée pour éviter que les élèves passent le plus clair de leur temps en classe à remplir leur cahier d'exercices de grammaire au lieu de passer leur temps à des activités d'expression orale. L'accent fut mis sur les apprentissages culturels visant certainement le manque de motivation et, de plus, dans le but d'augmenter la prise de conscience de la différence, pour rendre les élèves plus ouverts et leur faire accepter les nouveaux plus facilement. Le fait d'axer les apprentissages sur la culture est sans aucun doute la démarche la plus importante. Après avoir développé un raisonnement correspondant à la coexistence de la culture et de la langue sans s'appesantir sur la grammaire, il devient essentiel d'intégrer les aspects transculturels de la communication quand on enseigne la langue. Ceci se fera à l'aide d'un inventaire d'éléments langagiers sélectionnés avec soin afin d'inclure à la fois les aspects linguistiques et extralinguistiques (Swan, 1985; Morlat, 2009; Steele & Suozzo, 1994). Suite à cela, l'utilisation de la langue permettra des passerelles d'un système cognitif à l'autre (Seelye, 1976), ce qui pourra plus tard mener à la dissémination, l'interaction et l'échange des commodités culturelles. Le fait d'élever la mise en conscience culturelle permet de distinguer les normes sociales, les croyances et les habitudes propres aux locuteurs de la langue cible (Schulz, 2007). Cela établit aussi un forum de discussion par rapport à ce qui peut être partagé culturellement et linguistiquement pour permettre aux apprenants de s'adapter. La classe de langue seconde intégrant la culture deviendrait donc si on le lui permet d'exister, le lieu privilégié pour le partage des sentiments sur les différences et ressemblances culturelles. Les apprenants de ces classes développeraient inévitablement leurs compétences communicatives, deviendraient nécessairement des modèles linguistiques et des conduites, élargiraient l'éventail de leur facultés perceptives d'autres réalités et seraient encouragés à prendre des risques (Goodman, 1990; Smith, 1971). Les enseignants doivent souligner le développement d'une prise de conscience de la différence et de la ressemblance qui existent dans les approches traditionnelles et nouvelles, et insister sur le fait que la coopération peut souvent s'avérer plus efficace (Slavin, 1995).

L'approche canadienne « je suis capable de.. » (Can-Do) correspond en fait à la démarche en vigueur dans l'union européenne pour l'évaluation des connaissances (McNamara & McNamara, 1996; Conseil de l'Europe, 1996). Ce qui est ajouté ici, c'est l'importance attribuée à l'école à l'apprentissage autonome et à la prise en charge. Voilà les paramètres directeurs à adopter dans les démarches pédagogiques qui doivent aussi veiller à l'apprentissage des contenus, tout en mettant en alerte sur le besoin d'être plus conscient de son entourage et de promouvoir l' ouverture au changement. Les futurs enseignants que je connais sont ouverts aux changements, démontrant ainsi leur compréhension profonde du sens impliqué par la professionnalisation en devenir.

Les dernières applications mentionnées rejoignent aussi les recommandations du CECR dans le sens que chacun identifie ses propres capacités. Évidemment la situation est quelque peu autre quand il s'agit de former des enseignants de langue en comparaison avec l'évaluation du développement langagier.

Chaque individu est porteur de caractéristiques de la diversité qui se rattachent à l'appartenance à des contextes culturels divers et doit donc apprendre à gérer toutes les intersections (Porcher & Abdallah Pretceille, 1998; Serre, 1991). Dans les écoles, les différentes origines culturelles des familles ajoutent des nuances variées aux interactions entre les apprenants. C'est la responsabilité des enseignants de voir à la manière de ménager toute cette complexité, qui est vue différemment par chaque personne et aussi chaque groupe ou classe (Le Moigne, 1999; Morin, 2001). L'enseignant doit en plus s'assurer que des ponts soient construits pour permettre aux apprenants de comprendre les nouveaux sens par la médiation et les explications pour que les nouveaux apprentissages puissent s'ajouter dans le prolongement de ce qui est déjà connu afin de faciliter la transformation de chaque individu selon Mezirow (2001) et Bezille (2002).

La question qui fait le sujet de l'inquiétude est relative au nombre limité de nouveaux arrivants de langue française dans la province de l'Ontario quand on a affaire à un nombre important de nouveaux qui choisissent l'école anglaise plutôt que l'école française. Il est vrai que la province est dominée par les anglophones, mais il y existe aussi une minorité francophone, surtout établie dans le nord-est de la province, les franco-ontariens.

Les recommandations du bureau de l'Immigration et de la Citoyenneté (CIC) Canadienne avait pourtant fait espérer un taux plus élevé de locuteurs français d'ici 2012 allant pour la province de l'Ontario de 8% à 13%. L'on sait que le maintien d'une langue est difficile en situation minoritaire (Ministry of Education, 1993) et que le français parlé dans les familles est souvent un dialecte ou une autre langue minoritaire car comme nous l'avons déjà souligné les taux d'immigration sont élevés.

Parmi les recommandations faites l'on suggère d'améliorer la communication par les médias afin d'encourager une participation distribuée (Gee). L'on avait encouragé le gouvernement à soutenir les organismes culturels et les entrepreneurs médiatiques de manière à promouvoir l'accès à plus d'information requise par les nouveaux. Dans le document sur l'aménagement linguistique il est fait mention de sites Web comme source de renseignements pour permettre aux nouveaux d'avoir accès à des personnes offrant leur aide et aux détails qui leur seraient utiles dans leur fonctionnement quotidien. Cet accès ne devrait pas causer de difficultés car toutes les écoles et les bibliothèques publiques sont branchées sur Internet. Déjà en 2006 les annonces sur les sites de certaines des écoles et les offres d'aide étaient diverses et positives, mais il avait semblé à l'époque qu'elles auraient bénéficié d'expansion et que les sites soient mis à la disposition des adultes également, et non seulement aux enfants dans les écoles. Selon les recherches récentes, la socialisation se fait aujourd'hui par le biais de l'Internet et les diverses formes médiatiques, plutôt que par des rencontres dans des contextes physiques et l'on ne peut nier qu'un montant important de l'apprentissage et du développement de la personne se fait aussi par ce biais car ils sont facilités. Il suffit de prendre Wikipédia comme exemple. Dans le texte sur l'aménagement linguistique l'on se pose la question du manque de recours à ces mêmes sources par les parents et les enseignants. Cela crée un fossé informatique entre les jeunes et les moins jeunes. Ces moyens peuvent également servir à remédier aux manques identifiés. De plus, les médias et Internet, de par leurs capacités sonores, permettent par l'usage de ces fonctions, d'améliorer la compréhension auditive et la familiarisation avec la langue cible par un usage quotidien. Il est donc intéressant de noter la recommandation faite dans le document d'amener les personnes à plus se familiariser avec les moyens technologiques à la fois dans le contexte scolaire et familial, pour pouvoir à la limite participer et faire entendre leur opinion dans les discussions postées (p.14) si elles sont trop prises par ailleurs et ne peuvent assister aux rencontres en personne. Il est utile de dire, qu'avec cette recommandation on reprend une piste suggérée dans le rapport (Myers, 2006) sur les nouveaux arrivants. On cite aussi dans le document ministériel que les aspects dynamiques de la formation identitaire, y compris une vision du contexte global, sont supportés par les médias (p. 29).

Dans des directives récentes le Ministère de l'Éducation de l'Ontario se fait l'avocat du « succès pour tous » posant l'objectif principal des fonctions de l'éducation dans la fonction de soutenir chaque personne, société et culture, en un tissage serré avec les communautés de nouveaux dans les écoles. Sachant que cet agenda est dicté par notre culture d'immigration, nous savons aussi que nous devons être inclusifs face à la diversité. Dans notre programme de formation d'enseignants, nous incluons aussi un stage de formation dans les écoles.

Le Bureau de Conférence du Canada, l'organisme officiel déjà cité, qui surveille des développements en cours et prend des mesures pour initier les nouvelles directions nécessaires pour le pays, va aussi dans le sens de ce soutien pour tous, en passant de l'accent mis sur l'intelligence interpersonnelle, qui est à la base de l'entente en groupes, en le dirigeant vers l'intelligence intrapersonnelle visant le développement auprès de chacun et chacune de ses propres points forts de façon indépendante. Ceci constitue en quelque sorte le pendant des recommandations ministérielles et conforte les idées sous-jacentes aux mesures prises comme allant dans le sens désiré.

La différenciation pédagogique et le développement d'habiletés de leader auprès des nouveaux sont des pistes appelées à les aider plus avant.

Dans le rapport de recherche sur les nouveaux arrivants (Myers, 2006) il est recommandé de faire usage de pratiques différenciées et systématiques non seulement à la lumière de la variabilité des contextes individuels mais aussi en fonction de la variété et de la variation dans l'usage de la langue française, s'éloignant souvent du niveau standard. Vu que le Canada est bilingue, tous les enfants sont amenés à suivre des cours d'anglais, comme ceci ne fut pas forcément le cas des nouveaux, la préférence initiale dans les écoles de langue française étant le développement adéquat de leur français, il fut recommandé que tous les nouveaux soient aussi inclus dans les cours d'anglais afin de les aider dans leur intégration dans le Canada bilingue. Il a aussi été recommandé d'élargir les options d'accueil en permettant aux enfants qui ne possédaient aucune des deux langues officielles de choisir le français si telle était leur préférence quelle que fut leur langue d'origine, après une mise à niveau. L'accès à l'école francophone fut refusé à bon nombre de nouveaux dans le passé car ils parlaient dans des registres de langue française s'éloignant de la langue standard de l'école, donc ceux-ci se dirigeaient vers l'anglais, car tous les enfants sont acceptés à l'école anglaise en Ontario, quelle que soit leur langue d'origine. Il est clair que de telles pratiques étaient en mesure de bloquer l'accroissement de la population francophone dans la province car on les poussait d'emblée hors du contexte français. Par contre, en les acceptant, on leur permet de parler leur langue d'origine quotidiennement ainsi que le français de l'école et en leur donnant en plus des cours d'anglais, semblables à ceux que le Ministère subventionne pour les nouveaux dans les écoles anglaises, appelés ELD, (English Language Development) c'est-à-dire pour le développement de la langue anglaise) avec des cours de rattrapage, il n'y a plus aucune raison pour ces personnes de préférer l'école anglaise. Dans le rapport il est aussi question d'augmenter les activités communautaires pour rassembler les personnes, qu'elles soient liées à l'école et que l'on devrait privilégier l'école comme lieu de rencontre. Nous devons mentionner que le choix de l'école pourrait avoir des conséquences à la fois pour les nouveaux concernés et la communauté avoisinante dans la mesure où aucune association indépendante n'est représentée et dans ce cas il faut user de tact. Quant aux activités scolaires, l'on doit s'attacher à ce qu'elles développent la motivation des apprenants dans le développement de leurs facultés d'observation, leurs différences de perception, leur participation active, leur manière d'analyser leurs expériences dans leur choix de soit accepter ou rejeter des actions, ayant de plus toujours à l'esprit leur besoin de développer leur esprit d'initiative. Le document d'aménagement culturel mettait l'accent sur ces besoins de même que sur la nécessité de les préparer à des rôles de leader (p.48) ainsi que le fait qu'on doive leur donner des responsabilités (p.59), il faut noter que ces recommandations avaient été faites dans le rapport de recherche sur les nouveaux arrivants (Myers, 2006).

Dans le document sur l'Aménagement Culturel (AC), la vision ministérielle est plutôt problématique en ce qui concerne les chiffres de nouveaux et la pluralité visée. On mentionne l'intention de rassembler les francophones d'ici et de loin en aménageant un espace commun pour renouveler la culture francophone locale (p.27). Cette phrase surprend dans le document car elle n'est pas en ligne avec l'apparence inclusive du reste du document et résonne presque comme une intention d'assimilation dans la culture franco-ontarienne. Si toutefois ces mots sont compris comme la prise de conscience du flux qui existe entre les cultures, quand on les trouve dans le texte (p.27), on se demande s'ils ne représentent pas une explication un peu simpliste. On pense généralement que les rôles et les différents endroits d'appartenance sont des composantes de l'identité et devraient être reconnus pour maintenir le bien-être affectif (McLaren, 1995). Le Canada se veut constituer une mosaïque culturelle et non un melting-pot comme les États-Unis, donc l'on devrait accepter la coexistence des différences. D'autre part, le document AC n'attache pas d'importance aux aspects contextuels de la communication et de l'acculturation. Ce qui est mentionné pour constituer une communauté et prévoir un cadre pour la soutenir, ce sont des efforts collectifs produits par tout le monde dans une communauté donnée (Ministère de l'Éducation, 1993). Aucune mention n'est faite de la manière dont ce processus devra être facilité, ce qui a été inclus dans le rapport de recherche sur les nouveaux arrivants (2006) et ceci pour éviter le dédoublement des efforts à travers la province. Si le sentiment d'appartenance est crucial dans la formation identitaire, comme nous l'avons déjà mentionné ci-dessus, il n'est certainement pas nécessaire de se limiter à une communauté précise de la région, car les accents, les variétés de langue, y compris les créoles, sont inhérents au maintien d'une identité francophone de même que les traditions et les pratiques culturelles qu'on se doit de considérer comme additionnelles et non à être remplacées. Peut-être avec l'intention de modeler certaines des affirmations préalables, il est fait mention par la suite dans le document AC du besoin de médiation entre les cultures afin de faciliter les interactions et encourager l'ouverture d'esprit. L'on recommande donc en finale, comme nous l'espérions, le tissage interactif entre famille, école et communauté et cette intention de rassemblement des personnes est louable, la seule objection qu'on pourrait avoir c'est que l'école joue peut-être un rôle trop important, ayant ainsi le contrôle sur tout ce qui se passe et par là créant des interférences avec les initiatives des organisations communautaires indépendantes. Aujourd'hui ceci n'est pas trop important car les possibilités de diffusion sur Internet et d'autres médias interactifs donnent l'occasion aux francophones de régions différentes d'être connectés ainsi que de leur permettre de maintenir leurs contacts globalement. Là encore, dans le document AC on ne faisait pas mention d'interactions transrégionales, toutefois dans le rapport de recherche sur les nouveaux arrivants, il est suggéré que de tels contacts sont à même d'encourager les échanges entre les nouveaux arrivants francophones avec des locuteurs français d'autres provinces.

4.2. La différenciation pédagogique

Un nombre des difficultés identifiées est dû au contexte interculturel car dans certaines cultures on n'opère pas de ségrégation avec l'idée que tous vont se mettre au pas à leur propre rythme et l'on n'a pas l'habitude de prendre des mesures supplémentaires.

Différents problèmes sont aussi attribués à la communication interculturelle (Eco, 1981 ; Lantolf, 2000 ; Hofstede, 1980) mais aller jusqu'à évoquer un handicap dû au bilinguisme ne semble pas justifié (Downs, 1971; Wiseman & Abe, 1986). Pourtant l'on voit ce genre de situation dans divers groupes, y compris dans le cas d'enfants aborigènes. Toutefois dans notre étude sur les enseignants dans le cours de formation (Myers, 2013), une situation déroutante a fait surface. On a découvert, suite à une analyse des synthèses de discussion de groupes d'étudiants de diverses cultures après la lecture imposée comme devoir pour le cours suivant, que certains des étudiants, au lieu de répondre aux questions posées en leurs propres mots ont dans cinq cas copié des phrases du texte directement. Ont-ils été incapables de formuler leurs pensées en utilisant des mots différents que ceux du texte ? On peut aller plus loin et se demander si cela pouvait être indicatif d'un manque de compréhension du raisonnement dans le texte théorique en français, leur deuxième langue. Ce travail devait se faire en groupe et peut-être d'autres contraintes ont causé cette situation, incluant le fait que les discussions ne se faisaient pas en français et que les concepts n'avaient donc pas été discutés de manière appropriée par les étudiants concernés. La cause pourrait en être des difficultés de compréhension ou bien même une certaine anxiété devant la tâche ayant mené jusqu'à une sorte de paralysie.

D'autre part, on pourrait également penser que les phrases du livre exprimaient si bien leur propre pensée sur les situations qu'ils se sont donc appropriés ces mots du texte. À la rigueur, l'on pourrait aussi croire que lors du travail de groupe, ils n'ont pas fait beaucoup d'efforts pour transcrire les résultats de leurs discussions et qu'ils se soient référés au texte comme solution de facilité pour illustrer leurs conclusions. À la limite l'on pourrait se dire qu'ils ont rapidement lu le texte pendant l'activité de groupe contrevenant les directives données et, tout en faisant cela, ils ont rapidement copié quelques phrases qui ont abouti dans leur synthèse finale car ils n'avaient pas assez de temps pour la discussion entre eux, mais cette dernière supposition semble invraisemblable.

Il est important de noter qu'à mesure que le multiculturalisme et le multilinguisme augmentent, des incidents de ce genre risquent de se multiplier si des mesures ne sont pas prises pour aider les apprenants. Comme je l'ai mentionné, les résultats obtenus et les suppositions faites ne sont pas nécessairement des preuves que les étudiants n'ont pas essayé de faire leur travail. Comme le dit Van den Branden (2006, p.217), l'instructeur a encouragé la négociation des sens dans les contenus du texte et l'appropriation et la transposition des contenus tout au long du cours dans des moments pédagogiques effectifs car le texte fut aussi écrit par l'instructeur.

L'accent fut mis sur l'interaction et le contenu communicatif fut riche et approprié car lié au texte écrit suivi de deux activités interprétatives, la première un résumé personnel de la lecture suivi de la discussion de groupes en classe devant culminer en un produit de groupe, constituant une autre synthèse, mais cette fois-ci de la discussion (Lee, 1993).

Dans un effort d'amener tous les groupes à se rallier dans leurs critiques pour adopter les nouvelles lignes directrices, comme le décrit Olson, car on doit viser une intentionnalité conjointe (1994), l'instructeur a réussi à ce que les esprits se rejoignent bien que dans certains cas il ait fallu compter seulement sur une participation périphérique qui selon Lave et Wenger (1991) et Gee (2002) est également vue comme légitime. Dans ce dernier cas les étudiants ne s'étaient pas appropriés les contenus enseignés en les discutant avec leurs propres mots mais ont empruntés tels quels, des mots du texte de base. Pour l'ensemble d'entre eux toutefois, la discussion subséquente a permis d'utiliser plus d'éléments langagiers de leurs idiolectes et a contribué à une activité mentale intense et continue.

L'affirmation de Borg (2003, p.81) nous conforte dans ce résultat en ce qui concerne les futurs enseignants que nous formons comme étant des personnes actives, adoptant une approche réflexive dans leurs prises de décision et qui font des choix pédagogiques sur la base de connaissances, pensées et croyances, en faisant appel à des réseaux complexes, orientés dans la pratique, personnalisés et en tenant compte du milieu ambiant à travers le mélange de réactions canalisées par les différents aspects de l'apprentissage.

L'on sait que la cognition est complexe, comprenant à la fois des ensembles de distinctions floues entre les opinions personnelles et les pensées, et d'autres composantes formant des entre-coupages inextricables. Il n'est donc pas surprenant que certains étudiants semblent opérer à un niveau de fonctionnement confus dans leur deuxième langue. D'autres semblaient essayer de cacher leur incapacité de faire des synthèses des données présentées. Il est plutôt inhabituel pour des étudiants en cinquième année universitaire de ne pas pouvoir avoir recours à des stratégies de transposition comme nous l'avons observé dans certains groupes.

Par contre, dans l'ensemble ils ont pu prendre la responsabilité et se sont totalement impliqués dans les tâches à facettes multiples nécessaires à des échanges de haut niveau. Leur production finale a montré qu'ils étaient très efficaces dans leur manière d'agencer les éléments clés, démontrant de la sorte que les transformations désirées se sont faites bien que cela se soit mesuré à des degrés variables. Comme ces étudiants, issus de spécialisations variées en sciences, dans les arts ou en sciences humaines, arrivèrent à se mettre d'accord, nous pouvons aussi conclure que les différences entre les cultures académiques les ont aidés en leur donnant accès à diverses manières de résoudre les problèmes, indiquant par-là comment faire une économie de moyens.

Ceci est inévitable car vues les mesures draconiennes prises récemment pour réaligner l'éducation, de nouveaux développements sont en marche avec à l'appui des recommandations plus générales et plus précises pour rallier tout le monde aux mouvements qu'on veut imprimer pour les programmes, et le soutien des apprentissages, avec seulement la moitié de soutien en finances. Sous cet éclairage, il n'y a qu'un pas à faire pour conclure que les nouvelles directives sont en partie dictées par des pressions financières.

De plus, il s'agit de mentionner ce qui arrive aux praticiens qui dédoublent d'efforts pour maintenir le rythme des changements, c'est qu'ils se trouvent souvent pris entre deux feux dans les écoles car l'administration n'est souvent pas à jour dans la révision des objectifs malgré l'intention de procurer le soutien nécessaire face aux pressions exercées par ailleurs. On ne peut qu'espérer que les divers agendas se retrouvent à la même page afin qu'on puisse articuler les mesures favorables prévues. Le problème est que de nouveaux obstacles sont introduits continuellement et des difficultés financières nouvelles surgissent. Le rythme des changements s'intensifie et la compétition s'en trouve intensifiée. Par conséquent, de nouveaux problèmes qui requièrent de nouvelles capacités sont identifiés, la compétition devient plus intense et un nouveau mouvement est en marche. Comme le dit Lundvall (2002), l'on accorde une importance primordiale aux sentiments par rapport à l'innovation. Puis vient l'innovation, s'éloignant de la linéarité car on la trouve trop limitée, s'éloignant des contextes socio-culturels habituels pour la formation de systèmes techniques pour aller au-delà des barrières culturelles. Le troisième facteur mentionné est le sens de la communauté dans sa concentration sur le fait d'être inclusif, par rapport aux différentes matières académiques, en ne se limitant pas aux sciences et à la technologie mais en plaçant sa foi en une combinaison de compétition et de coopération comme étant plus efficace (Lundvall, p.287). Ceci devrait aussi s'appliquer à l'éducation supérieure. Il s'agit donc de prévoir de nouveaux modèles de développement pour la coopération, pour ce qui a trait à l'information et aux compétences.

Nyholm, Normann, Frelle-Petersen, Riis et Torstensen (2002) prévoient le partage des connaissances en réseaux et équipes de travail. L'accent sera mis dorénavant sur le développement de compétences basiques pour la mise en relation et la transposition de l'information. Le réseautage visant l'apprentissage continuel et l'innovation détrônera la hiérarchisation (p.258). Il faudra faire apprendre à se concentrer sur les politiques autour de l'innovation et notamment comment utiliser les connaissances et l'innovation. En vue de tout cela, le fait de faire coopérer des groupes, avec en plus, l'influx des nouveaux arrivants ajoutant les apports de contextes culturels divers, serait donnant donnant dans l'exploration du développement des connaissances. Lundvall ajoute aussi que les personnes s'orienteront plus vers de nouveaux apprentissages et les marches tourneront autour du changement. Face à ces perspectives la notion d'intentionnalité conjointe selon Olson (1994) s'applique aussi à un rassemblement des cultures, des savoir-être et des savoir-faire. L'on doit avoir conscience du fait que des contraintes culturelles et personnelles dictent nos interprétations en matière de ce à quoi nous nous attendons, car nous sélectionnons l'information qui nous semble convenir.

Il s'agit donc pour les apprenants d'adopter de nouvelles positions et de faire les accommodations dans leur for intérieur.

Les résultats de recherche dans un cours universitaire (Myers, 2009) comprenant des étudiants de cultures diverses ont montré comment de telles perspectives peuvent se décliner. Dans la synthèse finale de cours il s'agissait d'établir les composantes clés dans l'enseignement-apprentissage d'une langue seconde.

L'analyse de 17 produits de groupes, venant de deux cours semblables, chaque groupe comprenant entre cinq et six étudiants, a permis de voir les étapes dans l'intégration des connaissances auprès de futurs enseignants. Il s'agissait pour eux de mettre en commun leurs travaux de synthèse individuels pour opérer une nouvelle synthèse au niveau du groupe. L'on avait espéré qu'une intégration des diverses réactions aux lectures imposées pour le cours hebdomadaire amènerait un autre type de prise de perspective. L'on s'attendait à une acceptation et une compréhension approfondie, tout en provoquant des changements de points de vue, afin de modifier les vieilles habitudes de pensée de certains où cela serait nécessaire. Il se trouve que nous nous sommes vite rendus compte qu'une articulation paradigmatique contenant de multiples facettes était en train de s'opérer, avec le sentiment qu'on s'interrogeait également sur toutes les autres possibilités, tout en ligne avec ce que dit Luhmann (1984) et ceci par le biais de discussions de groupes. Les étudiants sont arrivés à se dépasser dans leurs explorations pour trouver les éléments difficiles à découvrir et se sont en même temps approprié les contenus difficiles à internaliser. Appliquant les principes de différenciation pédagogique l'on est amené à accepter divers produits qui sont à considérer comme la réflexion sur un travail et dans notre cas nous avions des doutes quant au travail des groupes 2,5, 9, 11 et 12. Fut-ce dû à une inhabilité d'utiliser leur deuxième langue comme si le bilinguisme les paralysait en quelque sorte de manière à ne pas leur permettre d'accéder à des niveaux de langue plus élaborés ou était-ce une mauvaise division des tâches ou simplement un manque de compréhension du niveau de complexité de la tâche ou de la paresse? Toujours est-il que les autres groupes firent montre de questionnements et d'élaborations tout à fait en ligne avec les attentes. Les thèmes suivants ont été identifiés dans cette étude par ordre d'importance: soit l'importance cruciale du contexte social (dans 12 groupes, notamment 2, 3, 4, 5, 6, 7, 12, 13, 14, 15, 16 et 17) et un sous-thème spécifiant la prise en compte des apprentissages culturels (3 et 9); l'utilisation des mots qu'on s'est approprié dans la langue par le biais d'une transposition des sens en les intégrant dans son for-intérieur comme une appréhension corporelle des capacités et des connaissances (dans neuf groupes, notamment 1, 3, 7, 8, 10, 14, 15, 16, 17) et deux sous-thèmes, l'un comprenant la précision qu'à la fois un entraînement morcelé de la langue et un entraînement des éléments de langue intégrés sont nécessaires (12, 15 et 16) ; l'autre sous-thème insistant sur l'importance d'un entraînement avec des éléments langagiers isolés jusqu'à ce qu'ils soient internalisés suffisamment pour qu'on puisse les mettre ensemble (2, 4, 5 et 14); la prise de conscience du fait qu'on apprend aussi indépendamment du contexte scolaire (dans sept groupes) comprenant les sous-thèmes, apprentissage sur le tas (2, 8, 14 et 16), appel à des ressources extérieures (13, peut-être un répétiteur) et en consultant dictionnaires et encyclopédies, en lignes et autrement (4 et 5); la capacité de faire de l'autocorrection (dans 7 groupes) sous différents thèmes notamment en associant la L1 et la L2 quand c'est possible (3, 11, 15 et 17), la capacité de se concentrer lors des corrections en classe (10 et 11), de procéder à l'autocorrection proprement dite (3); l'importance de la collaboration entre locuteurs fut relevée (2, 6 et 14) ainsi que la prise de conscience du facteur temps impliqué dans les opérations dans deux cas: le groupe 16 mentionne la vitesse de lecture comme jouant un rôle marquant une différence entre les personnes et le groupe 17 met l'accent sur l'importance des pauses durant les interactions pour donner du temps pour la réflexion.

Les différences entre les groupes peuvent être le résultat de difficultés rencontrées pendant leurs discussions dans la deuxième langue et aussi pour l'exercice de synthèse. Le fait est connu que les activités de critique et de faire un résumé dans une deuxième langue exigent un usage économique des moyens auquel l'on n'a peut-être pas l'habitude dans une langue autre que la langue maternelle, même si l'on connaît bien cette langue autrement.

Robinson (1998) rappelle que « les activités de manipulation de langue se rattachent à la culture qui constitue le système de symboles et de significations et il explique que les expériences passées influencent comment on aboutit au sens, ce qui à son tour influence les expériences subséquentes et par là affecte les significations ultérieures et ainsi de suite » (notre traduction, p.11). Il est évident que cela se passe de la même façon quand il est question de connaissances.

Toutefois grâce aux nouveaux médias, l'accès à l'information peut se faire de diverses manières et l'on trouve suffisamment de variété et de variation pour pouvoir assurer une certaine différenciation pédagogique en multipliant les manières de présenter les contenus. Ceci permettra à des étudiants très différents de leurs camarades dans leurs approches, de bénéficier de l'instruction donnée dans les cours et de remplir eux-mêmes, si nécessaire, les vides à combler. À partir d'une perspective semblable, peut-être qu'après la mise en commun dans les groupes, l'on pourrait davantage aider tous les apprenants à cristalliser leurs pensées sur un sujet donné en leur demandant de faire suivre la synthèse de groupe par un travail personnel à rendre.

4.3. L'approche culturelle

La différenciation pédagogique, le développement de l'autonomie dans l'apprentissage et des habiletés de leader sont des notions à transmettre aux nouveaux afin de leur faire imprimer des actions suivants ces lignes directrices. Il faut en effet viser à entraîner des membres de diverses appartenances en prise de conscience et communication interculturelles de même qu'en construction d'identité afin de leur faire prendre conscience des différentes manières d'être en général, c'est à dire comment exercer le contrôle de soi face à l'inconnu, et aussi comment agir face aux autres de cultures différentes.

Il s'agirait de promouvoir et de faciliter une mentalité différente en ce qui concerne la coopération, le partage des ressources et de stratégies et de plus rechercher la meilleure allocation des ressources financières. Dans le document sur l'approche culturelle (AC) on suggère des solutions à ces problèmes autour des aspects de leadership. Le vocabulaire utilisé tourne autour des gains personnels mais ne fait aucune mention de l'importance de savoir s'entendre avec les autres, d'apprendre à appliquer un concept, c'est à dire des notions plus délicates. De plus, ce qui manque vraiment, est comment une personne arrive à développer sa propre compréhension de la conceptualisation, généralement subconsciente, dans sa propre culture, afin de pouvoir mettre en évidence comment gérer les différences. Dans tous les cas, ceci est une nécessité car on ne peut pas autrement en discuter ou rendre conscient des différences d'autres groupes culturels pour faire des comparaisons (p.40). La notion de leadership est présentée dans un contexte confortable, autour du français et dans un climat de confiance, mais cela pourrait constituer le premier pas. Cependant les préjugés envers les autres sont souvent causés par un manque de confiance à défaut de contexte familier et d'entendement des situations. Ici, par rapport à la langue on s'intéresse à la langue locale, alors qu'en même temps allusion est faite à la diversité et à l'ouverture d'esprit en ce qui concerne les considérations culturelles. On met en fait ensemble des notions trop éloignées pour qu'il soit possible de les gérer et cela mène à confusion, et ne semble pas une bonne manière de viser le rapprochement. Il va sans dire que la notion de mise en confiance reste le problème majeur, tout comme la question de comment faire face à la diversité en termes de différences langagières et culturelles. Le document sur les nouveaux arrivants fait mention des directives à suivre pour permettre aux nouveaux et leurs familles de se sentir à la hauteur. Toutefois, vu que dans le document sur l'Approche Culturelle (AC) il n'y a pas une liste de stratégies bien explicitées pour montrer comment acquérir les caractéristiques de leader comme on le souhaite, il semble y avoir de gros trous dans le document. Dans le rapport sur les nouveaux arrivants (NXA) une liste de différentes pistes à suivre pour donner plus de poids aux nouveaux dans les écoles et à leurs familles fut dressée. L'on propose la manière d'atteindre un leadership culturel pour le personnel scolaire (p.48). Rappelons qu'un manque grave avait été identifié au niveau de la sensibilité interculturelle dans ce groupe de la population face à la différence culturelle dans le document sur les nouveaux arrivants. Selon les derniers communiqués du Ministère un guide va sortir prochainement pour traiter de ce problème suite à de nouvelles directives prises dictées allant dans ce sens (Giguère, Ministère de l'Éducation, 2014 communication du Directeur de la Branche Francophone, Juillet). Ceci va certainement corriger les bévues qui avaient été mises en relief dans les écrits précédents et promouvoir l'agenda interculturel du gouvernement de manière plus agréable, tel que décrit dans AC (p.5-8).

Maintenir une deuxième langue comme le français pose déjà un nombre de défis en soi-même (Myers, 2004), mais surtout quand l'attention est divisée entre la langue française de l'école, un dialecte régional ou une autre forme de français d'une région minoritaire. Comme nous l'avons déjà mentionné la question épineuse fut de trouver les raisons pour lesquelles les nouveaux d'origine française ne choisissaient pas l'école française dans la province. Le Ministère recommandait cependant comme une mesure à préférer, de faire inscrire les enfants des nouveaux venant de contextes français minoritaires à travers le monde et les nouveaux arrivants avec des antécédents français divers dans les écoles de langue française, dans le document sur l'Approche Culturelle. Était-ce la faute du département d'immigration de l'Ontario, car il semble que les nouveaux dont les circonstances correspondaient à celles mentionnées ci-devant n'étaient pas dirigés vers les écoles françaises, peut- être cela était-il dû au manque de renforcement des nouvelles politiques d'immigration visant l'accroissement du contingent francophone. Toujours est-il qu'à la suite du nouveau document sur l'Aménagement Linguistique les recommandations semblent avoir été prises en compte. Par la suite l'augmentation des ressources et les stages de formation continue pour le personnel ont été mis en place permettant de procurer le soutien qui manquait pour assurer l'uniformité des pratiques comme cela avait été suggéré dans le rapport sur les nouveaux arrivants (2006). Il faut donc rappeler que dans l'ensemble des efforts positifs ont été notés et que le choix donné aux nouveaux selon les dernières nouvelles, est pour les nouveaux avec des antécédents français d'être guidés vers l'école francophone ou bilingue plutôt que d'être simplement dirigés vers l'école majoritaire Anglophone. Cela dit, il faudrait revoir les statistiques les plus récentes pour voir ce qu'il en est vraiment.

Cet état de choses nous conforte dans notre croyance que les nouveaux doivent être sponsorisés par une collectivité durant un laps de temps conséquent pour que leur insertion économique et sociale puisse avoir lieu et ceci pour le bien de tout le monde. Ce genre de soutien est trouvé par les nouveaux dans les ghettos culturels respectifs dans les grandes villes, comme nous l'avons déjà mentionné, donc il n'est pas surprenant de voir leur préférence pour les grandes villes où ils sont déjà représentés. Comme il avait été décidé par les politiques d'accroître le nombre de nouveaux dans les contextes non-urbains de préférence, il a été jugé préférable de mettre en place des structures de soutien dans ces endroits également. Il a donc fallu veiller à ce que les communautés francophones dans ces régions de l'Ontario soient plus dynamiques afin de pouvoir attirer des nouveaux d'origines francophones diverses. Dans les documents du Ministère d'Éducation de l'Ontario on dénote un ton protecteur pour la population francophone et l'on peut se demander si cela est dû à une compétition féroce à travers le pays pour s'accaparer les francophones. De toute manière une fois arrivés, les nouveaux ne peuvent pas être tenus captifs, il sera à eux de déterminer s'ils trouvent la province assez accueillante pour vouloir y rester car rien n'arrête leur liberté de mouvement.

Les nouveaux dans les écoles se créent des liens avec des personnes et avec les connaissances de nouvelles façons, et des conduites et des manières d'être différentes, se dessinent et ceci requiert de nouveaux alignements pour l'éducation à tous les niveaux.

Gee (2002, p.43) fait référence à des réseaux et au réseautage de systèmes distribués. Il semble par ailleurs que les nouvelles classes sociales qui voient le jour créent différentes caractéristiques auprès de différents types de personnes dans des microcosmes à caractéristiques distinctives. Il faut donc en plus prévoir de rendre les personnes fonctionnelles de la manière d'une translation à travers leurs transitions, n'étant toujours pas plus qu'en état de devenir dans chacune des diverses situations dans lesquelles elles se trouvent. Selon Gee, il s'agit de mettre en place une nouvelle logique dans l'Éducation Supérieure. On voit d'ores et déjà une concentration autour de communautés de pratiques qui s'alignent comme le prévoyait Olson (1994).

Si nous nous penchons sur la recherche en ce qui concerne la nouvelle économie des connaissances, l'on découvre que les trois aspects essentiels pour l'avenir sont l'innovation, la communauté et les manières de ressentir (Lundvall, 2002), ceci signifie donc qu'il y a des obstacles supplémentaires à franchir si l'on espère que les esprits puissent se retrouver sur une base commune (Olson, 1994). En ce qui concerne l'innovation, Lundvall ajoute l'aspect sensible qui s'y rattache, sous-lequel il énumère l'empathie, le fait de devoir établir des liens avec la communauté, tout en ajoutant l'inclusion et l'ouverture d'esprit à la diversité par l'acceptation dans la communauté. L'on reconnaît aussi le fait que des personnes vont s'intégrer différemment à cause de la manière dont elles s'orientent face au monde et dans leurs interactions. Il n'est donc pas surprenant que par suite de tensions multiples qui se présentent l'on s'est orienté vers une approche d'enseignement axée sur la culture.

Le renforcement d'une approche axée sur la culture dans les écoles de langue française en Ontario ne s'est fait qu'après la publication du document officiel intitulé *Une approche culturelle de l'enseignement pour l'appropriation de la culture dans les écoles de langue française en Ontario: Cadre d'orientation et d'intervention* (Ministère de l'Éducation, 2009a) et ceci dans la foulée du rapport de recherche de 2006 (Myers). L'on suggérait aussi des sessions de formation continue pour le personnel œuvrant dans les secteurs touchés afin d'assurer une uniformité dans les pratiques. Quatre documents ministériels supplémentaires s'ensuivirent. Dans notre étude nous examinions les manières de faciliter l'acceptation des nouveaux et leur insertion dans les écoles françaises de l'Ontario comme nous l'avons déjà cité plus-haut. Vu la diversité des origines géographiques, l'on a recommandé un élargissement de la définition de la construction identitaire des francophones (Webb, 2001). Il s'agissait de prendre en compte des aspects dynamiques à plus grande échelle et l'on avait identifié que l'école rendait cela possible (Shweder, Minow & Markus, 2002). Le nouveau document sur l'approche culturelle (AC) s'attaque aux questions soulevées préalablement. Il est fait mention de la revitalisation de la communauté francophone avec l'arrivée des nouveaux et de la nécessité de se pencher sur les stratégies d'accueil en voyant à la tolérance des enseignants face aux variétés de langue et à la variation dans les usages (p.18).

Les enfants acceptés à l'école de langue française sont reportés comme ayant des origines diversifiées. L'on esquisse rapidement l'histoire et la composition de la communauté franco-ontarienne dans le document en remarquant que celle-ci comprend des personnes du bas Canada (le Québec) avec des ajouts à travers le temps d'Européens, d'Antillais, d'Asiatiques et d'Africains (p.11).

Comme je l'avais mentionné dans le rapport de recherche sur les nouveaux arrivants (NXA) (Myers, 2006), il faut non seulement reconnaître cette diversité mais il faut aussi que les diverses bases sur lesquelles les cultures construisent leurs connaissances soient mises à profit dans les programmes pour que sur ces notions puisse s'ancrer l'étude des cultures francophones plurielles qui la constitue (p.15).

Le document AC donne beaucoup de détails sur l'acculturation et toujours en visant l'accroissement du taux de francophones. De plus, l'on y trouve un cadrage mettant en relief le support constant à la politique d'aménagement linguistique (Ministère de l'Éducation, 2004) comme cela avait été suggéré dans le document NXA (Myers, 2006). L'on y souligne l'accroissement des capacités de compétence communicative auprès des apprenants afin qu'ils améliorent leur apprentissage, leur formation identitaire, ainsi que l'augmentation des capacités du personnel scolaire de travailler en contexte minoritaire dans le but de soutenir l'apprentissage à l'école et la construction identitaire et, de plus, on ajoute la capacité augmentée des conseillers pédagogiques de maintenir les chiffres et même d'augmenter la rétention des élèves à l'école de langue française. Il semble que le contexte théorique sous-jacent aux discours menés soit le domaine de la « cognition située » (Lave & Wenger, 1991; Olson, 2003; Wenger, 1998) car l'accent est mis sur l'importance des communautés de pratiques pour améliorer l'intégration et l'apprentissage. L'on pose aussi que les efforts d'ensemble ne suffisent pas et qu'il faut s'assurer d'un suivi individuel. En effet le sous-titre du document est « appuyer chaque élève », ceci est en fait devenu un leitmotiv.

L'on suggère que seuls des membres du personnel spécialement qualifiés sont à même d'assurer le soutien nécessaire de manière efficace (Garcia & Guerra, 2004; Lynch & Hanson, 1992). L'on prévoit un entraînement à la prise de conscience interculturelle (McLaren, 1995) tel que recommandé dans le rapport NXA pour tout le personnel scolaire car l'on avait détecté un manque d'ouverture culturelle auprès du personnel scolaire à différents niveaux. En plus de cette aide dans les écoles dans le rapport NXA, on considère que le soutien aux familles est crucial comme l'ont identifié les chercheurs (Gibson,

1998; Jandt, 2004). Dans le document AC, l'on ajoute des personnes de soutien spécialisées en plus du personnel régulier des écoles, personnel qui est désigné à jouer un rôle dans le soutien culturel (p.5). Le sous-titre « pour une action concertée de la famille, de l'école et de la communauté » dans AC (p.14) montre qu'on a pris au sérieux les recommandations qui avaient été faites dans le rapport NXA car elles y sont reprises. Les partenaires communautaires sont aussi sensés devenir les acteurs principaux sur la scène culturelle pour les nouveaux (p.15) avec l'ajout de leur responsabilité dans le développement langagier et les compétences dans le milieu du travail. Mention est faite de l'importance d'internaliser la culture collective pour devenir des agents du changement comme si cela avait un rapport avec la construction identitaire et de tuteurs de mesure de l'insertion culturelle (p.24). Nous devons souligner que l'intention des suggestions exprimées dans NXA se limitait à faciliter l'intégration et ne se voulait en aucun cas causer l'assimilation à la culture locale. Il est clair que des programmes spéciaux d'initiatives culturelles pour le développement communautaire sont d'importance primordiale pour l'intégration des cultures francophones et en incluant l'idée de donner des responsabilités aux nouveaux (p.59) on reprend la suggestion du NXA. L'on avait effectivement découvert par la recherche que les nouveaux n'étaient pas inclus dans la distribution des responsabilités communautaires. Le document AC fait de plus allusion à la colle qui par les projets communs rassemble les familles et la communauté de nouveaux dans les écoles (p.5). Prière de consulter la figure 1 dans l'appendice pour se faire une idée de la distribution des nouveaux dans les régions de la province.

Chapitre 5.

Aspects de la politique éducative en contexte

Vu les grandes lignes décrites ci-dessus favorisant le succès pour tous, l'importance de la différenciation visant à porter une attention toute particulière sur chaque personne, donc une individualisation d'apprenant en quelque sorte avec une intégration des besoins individuels, ainsi que la prise en compte du contexte culturel, il n'est pas surprenant de voir quelles mesures ont été prescrites dans les objectifs mentionnés ici. Les résultats de notre travail selon les objectifs cités dans le *Cadre Stratégique visant à favoriser l'immigration au sein des communautés francophones en situation minoritaire* (Citoyenneté et Immigration Canada (CIC), 2003), sont applicables dans des situations semblables dans la mesure où les nouveaux arrivants d'âge scolaire sont visés dans les différentes clauses.

Nous rapportons ici les détails d'une étude menée pour le compte du Ministère de l'Éducation de l'Ontario en 2006 pour la situation existante et permettre de jeter un nouveau regard afin d'apporter des améliorations pour l'avenir. Pour ce faire un nombre d'objectifs furent fixés.

Ces objectifs étaient les suivants :

Objectif 1: Accroître le nombre d'immigrants d'expression française de manière à accroître le poids démographique des communautés francophones en situation minoritaire.

Objectif 2: Améliorer la capacité d'accueil des communautés francophones en situation minoritaire et renforcer les structures d'accueil et d'établissement pour les nouveaux arrivants d'expression française.

Objectif 3: Assurer l'intégration économique des immigrants d'expression française au sein de la société canadienne et des communautés francophones en situation minoritaire en particulier.

Objectif 4: Assurer l'intégration sociale et culturelle des immigrants d'expression française au sein de la société canadienne et des communautés francophones en situation minoritaire.

Objectif 5: Favoriser la régionalisation de l'immigration francophone à l'extérieur de Toronto et Vancouver.

5.1. Notre recherche

Nous avons déjà parlé de certains acquis et placé certains des aspects dont nous discutons plus bas dans une prise de perspective d'ensemble dans les développements précédents. Ce qui est présenté ci-dessous constitue la charnière qui a permis d'articuler le tout et a donc mérité d'être présenté dans tous ses détails pour montrer l'articulation de l'ensemble des actions qui ont menées aux aspects positifs de la situation actuelle qui sont reflétés dans la mise en place de nouvelles mesures telles que prescrites dans les documents ministériels.

Une enquête sur le terrain a permis de voir de manière précise quels étaient les enjeux, afin de formuler des recommandations fiables pour les années à venir.

Nous rapportons ici cette étude de cas menée en 2006, concernant le contexte scolaire francophone en Ontario. Le comité de direction travaillant avec le Ministre du gouvernement fédéral (CIC, 2003) avait recommandé que « des plans d'action soient élaborés en 2004 », et que « la mise en œuvre des plans d'action soit engagée en 2005 » et que les plans d'action soient évalués après trois ans et de s'assurer d'un mécanisme de suivi.

Les résultats de 2006, permettent de voir ce qu'il en était, car vu les coupures budgétaires, à part tout ce qui a été implanté directement immédiatement après la recherche, peu de nouveau a pu être entamé. Bien que nous notions un retard dans l'application des nouvelles directives dans certains secteurs, il faut se dire que les différentes régions n'avaient peut-être pas lieu d'être impliquées au même degré car on ne s'y sentait pas aussi directement concerné. En effet, les résultats d'un sondage de l'Organisme Communautaire des services aux Immigrants d'Ottawa (OCISO) montrent un nombre varié de nouveaux arrivants d'un conseil scolaire à l'autre. Il n'y a aucun doute que là où le besoin s'en était fait sentir, on s'est mis à jour. Les autres régions ont pris conscience du questionnement et se sont apprêtées en connaissance de cause.

Des efforts commencent et continuent à être déployés pour l'accueil et l'intégration des nouveaux arrivants dans les conseils scolaires de langue française en Ontario. Bien que l'avenir semble promettre un nombre de démarches ne sont encore qu'en devenir. Il est primordial que l'accueil et l'intégration soient soutenus par des actions continues à l'échelle de la province, si possible sur place, ou par un déploiement temporel régulier d'équipes expertes. Il faut mettre en œuvre le maximum de moyens possibles pour contrecarrer le danger de perte de la langue et de la culture française en Ontario (Gay, 2000 ; Gay & Howard, 2000).

En Europe la connaissance de plusieurs langues est nécessaire pour assurer la mobilité entre les pays. Dans le contexte nord-américain la situation est autre, on parle l'anglais et généralement une langue qualifiée du patrimoine, c'est-à-dire celle qu'on utilisait dans le milieu familial si on est immigré, et bien sûr une langue amérindienne si tel est le cas. L'apprentissage d'une autre langue est toujours encouragé. Toutefois avec son statut de pays bilingue, le Canada requiert la connaissance des deux langues officielles, le français et l'anglais. Selon le Ministre de la Citoyenneté et de l'Immigration (CIC, 2003) « La dualité linguistique est à la base de l'identité canadienne » et « un grand nombre d'initiatives visant à augmenter le nombre d'immigrants d'expression française dans les communautés francophones en situation minoritaire sont aussi en cours».

L'immigration est un facteur important qui contribue à l'accroissement de la population un peu partout. Au Canada, les nouveaux apportent leurs langues et peuvent continuer à les maintenir grâce à des cours extra-scolaires dans des centres communautaires, en général le samedi.

Pour pallier le déclin démographique des communautés francophones, le Ministère de la Citoyenneté et de l'Immigration a mis sur pied un programme pour favoriser l'immigration dans ces régions. Puisqu'il s'agit d'augmenter le nombre d'immigrants d'expression française au Canada, à travers le pays et pas seulement au Québec francophone et au Nouveau Brunswick bilingue, il faut en fait s'assurer que les structures d'accueil sont adéquates pour le mieux-être de ces nouveaux arrivants. Sur les 250 346 immigrants accueillis en 2001, 13 027 parlaient les deux langues officielles et seulement 11 315 parlaient le français. Seuls 5 128 de ces derniers se sont installés en Ontario.

Selon le recensement de 2001 la proportion de francophones au sein de la population canadienne à l'extérieur du Québec était de 4.4% (Statistiques Canada, 2001) et seulement 3,1% des immigrants à l'extérieur du Québec étaient d'expression française (CIC, 2002). Dans le *Cadre stratégique visant à favoriser l'immigration au sein des communautés francophones en situation minoritaire* (CIC, 2003) développé pour répondre aux besoins de ces communautés, il est noté que :

> « les communautés [provinciales] devront attirer et garder à tout le moins le même pourcentage d'immigrants d'expression française que le poids démographique qu'elles ont au sein de la population canadienne à l'extérieur du Québec. Cela signifie que les communautés devront graduellement recevoir plus de nouveaux arrivants d'expression française au cours des cinq prochaines années. » (p11.)

Les tendances à la hausse ou à la baisse dans les conseils scolaires pourraient servir d'indicateurs quant aux possibilités d'épanouissement futur dans les communautés en Ontario. De plus, cela permettra de poser des jalons supplémentaires suivant l'objectif visé pour 2008, c'est-à-dire : « Au moins 4,4 pour cent des immigrants à l'extérieur du Québec sont d'expression française en 2008 ».

Une recherche précise a été mandatée puis effectuée pour une prise en compte de l'état des lieux, recherche qui se situe au carrefour de ces attentes et l'intention est de faire le point et de présenter des pistes pour élargir les possibilités.

Cette recherche que nous avons menée va s'appuyer directement sur les objectifs cités ci-dessus issus du questionnaire administré par OCISO que nous avons déjà mentionné et les détails du rapport soumis dont une partie figure ci-dessous, font suite aux questionnaires administrés par l'Organisme Communautaire des Services Culturels Aux Immigrants d'Ottawa (OCISO) pour le compte du Ministère de l'Éducation de l'Ontario.

L'idée au départ fut d'étudier les pratiques adoptées par rapport aux recommandations officielles et aux politiques existantes pour mettre en relief les actions et les possibilités afin d'esquisser la situation actuelle pour le Ministère d'Éducation de l'Ontario pour permettre des révisions et trouver des pistes de réflexion.

Dans la collecte de données de 2005 faite par OCISO, selon un questionnaire qui avait été développé par l'Organisme Communautaire, il est fait mention des douze conseils scolaires de langue française de l'Ontario. Il y avait à ce moment-là, sept administrations scolaires qui comptaient également une école de langue française. Après des changements récents, il apparaît que celles-ci pourraient être au nombre de six.

Il est d'importance cruciale pour le Ministère de centraliser toutes les informations susceptibles d'être recueillies pour éviter des dédoublements et faire des suivis.

Dans le texte sur la *Politique d'aménagement linguistique de l'Ontario pour l'éducation en langue française* (Ministère de l'Éducation, 2004) il est fait mention du «nombre limité de services offerts pour accueillir, informer et orienter les nouveaux arrivants francophones vers les systèmes d'éducation de langue française » (p.9).
Si l'Ontario accueille effectivement 13% des francophones du pays (idem p.9, bien que selon notre recherche ceci ne soit pas le pourcentage recueilli) il va sans dire que l'on s'attendrait à ce que les communautés francophones de la province puissent s'épanouir et être assurées d'une mainmise plus importante à tous les niveaux de l'éducation. Le Ministère de l'Éducation de l'Ontario et le Ministère de la Citoyenneté et Immigration Canada pourraient travailler de concert pour favoriser l'essor de la communauté francophone de l'Ontario.

Dans les données recueillies par le biais d'un questionnaire administré par l'association chargée de la collecte officielle des données en 2005 (voir Figure en appendice) les chiffres sont respectivement :

- pour le Nord : 8 (2001), 3 (2002), 7 (2003) et 26 (2004) ;
- pour l'Est : 238 (2001), 246 (2002), 201 (2003) et 114 (2004) ;
- pour le Sud : 538 (2001), 523 (2002), 552 (2003) et 510 (2004).

Les conseils scolaires sont groupés selon une division en trois régions en Ontario :

Soit l'est comprenant trois conseils scolaires, le nord où ils sont au nombre de 6 et le centre sud-ouest qui en compte également trois.

Grâce à un nombre de mesures prises par les autorités l'on serait en droit de s'attendre à un essor considérable dans le contexte scolaire en vue de l'expansion du «contingent français» ainsi que de la valorisation de sa présence, mais tel ne semble pas être le cas.

Une politique acceptée place les « ayants-droit », c'est-à-dire, les enfants dont les origines sont rattachées à la francophonie, comme prioritaires dans leur quête à l'accès à une école francophone.

Des questions examinées ont amené la prise de conscience que dans les provinces anglophones, bien des parents optent pour l'éducation dans la langue de la majorité. Il a aussi été découvert que dans le cas d' enfants 'ayants-droit', non scolarisés en français ou ne possédant qu'une maîtrise très partielle de la langue, les écoles ne sont pas prêtes à assurer l'enseignement initial ni le suivi en français. Il va sans dire que des programmes de ce type augmentent considérablement les frais.

5.2. Constats

Nous avons formulé des étapes, conditions nécessaires mais pas forcément suffisantes pour mettre le système sur la bonne voie.

Informer et changer les attitudes

Un manque de communication cause l'attitude fermée que l'on détecte fréquemment. Au sein de chaque conseil scolaire (unité administrative allant s'étendant au-delà d'une seule école mais se tenant dans un périmètre limité) l'on a constitué un comité d'admission pour les nouveaux. Il s'agit d'informer les membres de ce comité des changements de critères comme par exemple, que les critères d'admissibilité ont été élargis. Certains conseils scolaires ne semblent pas tellement ouverts à recevoir un non-ayant droit, si on ne se rend pas compte que le comité d'admission peut accepter de tels élèves.

On ne pourra augmenter l'effectif de façon notable si on interprète la loi des ayants-droit de manière étroite. Il a été rapporté que dans certaines écoles, on pratique une politique de portes ouvertes alors que dans d'autres on semble vouloir se protéger, vu les réticences des comités d'admission rapportées et les manques apparents de souplesse.

Toutefois nous reconnaissons le fait que l'école subit aussi des contraintes. Elle risque de voir baisser les résultats aux tests d'alphabétisation et de numérisation de son effectif total. Il faudrait permettre l'exemption aux nouveaux arrivants pas pleinement intégrés. Il est apparu dans les données que certains élèves sont exemptés de ces tests. Pourquoi ne pas compter les nouveaux au nombre de ces derniers car ils semblent s'inscrire logiquement dans la catégorie d'enfants à être dispensés? À l'autre extrême, on semble élargir la catégorie acceptable pour pouvoir inclure tout ce qui est francophile dans certains contextes. Il faut rappeler que la concurrence entre les systèmes scolaires, basée sur la comparaison des résultats à ces tests d'alphabétisation, peut avoir un impact au détriment du développement individuel.

Portes ouvertes

L'école de langue française contribue à la formation de bilingues en assurant une formation de qualité en langue et culture françaises, et en donnant en même temps des cours d'anglais. On peut élargir la programmation en visant une pratique systématique et différenciée à la fois. On devrait évidemment revoir les règlements concernant les appels aux comités d'admission, car dans certains cas on accepte tout simplement que l'enfant soit refusé bien que l'on sente que les raisons données ne soient pas tellement justifiées et dans d'autres cas les parents font des mains et des pieds pour faire accepter leur enfant. Les parents devraient eux-aussi être prévenus que les appels sont possibles et qu'au Canada il y a tout lieu de suivre toutes les étapes si l'on aspire à obtenir satisfaction. On doit, de plus, indiquer aux parents qu'une décision négative peut changer si après quelques mois d'immersion dans la langue française l'élève peut démontrer sa capacité à s'exprimer dans la langue. Afin d'augmenter leur effectif scolaire et assurer le dynamisme accru de leur communauté, les conseils scolaires de langue française pourraient accepter tous les élèves intéressés sous certaines réserves.

La question qui se pose est relative à la loi qui permet aux conseils de langue française de refuser les nouveaux arrivants. De ce fait, ils alimentent automatiquement les conseils anglophones qui eux ne peuvent refuser un élève. Quand on fait appel à cette loi, on va à l'encontre du projet d'accroissement du nombre de francophones en Ontario. Les nouveaux arrivants dans les écoles assurent l'existence continue des écoles surtout de celles dont l'effectif scolaire est en baisse. Si les effectifs sont trop bas, les écoles sont fermées.

Des attributions spéciales existent déjà par élève en classe de Perfectionnement Du Français. Il serait sans doute utile de mettre en place des « bourses de mise à niveau » supplémentaires, pour encourager des cours du soir ou un tutorat privé, à distribuer à ceux qui ont des besoins facilement identifiables pour leur permettre une mise à niveau individuelle intensive. En plus, il serait souhaitable de faire appel à des spécialistes d'actualisation linguistique du français et du perfectionnement du français pour pallier les manques dans les premiers essais d'initiation à la langue française et le rattrapage.

D'autre part, si on se trouve dans une communauté francophone l'on devrait pouvoir étendre le contact avec la langue au-delà de l'école, une solution proposée pourrait être d'établir des partenariats entre des personnes de la société d'accueil et des nouveaux arrivants, par exemple trouver des grands parents adoptifs… Il y a sans nul doute des personnes francophones à l'âge d'or qui ne demanderaient pas mieux que de passer du temps avec des jeunes pour partager leurs expériences. On peut de plus faire appel aux médias de manière plus systématique: cassettes, films, émissions de télévision, sont autant de moyens d'aiguiser les oreilles pour une meilleure appréhension de la langue (Scarcella, 1990). Les bibliothèques et médiathèques pourraient assurer l'animation pour des clubs de lecture, des clubs de films hebdomadaires. Certains efforts vont déjà dans ce sens dans certains centres communautaires. La richesse culturelle apportée par les nouveaux arrivants de pays différents est un atout dans notre monde qui recherche l'ouverture sur le village global.

Certains chercheurs pensent que le seul choix à l'avenir, de ceux qui n'ont pas appris à s'adapter au changement, c'est d'être réduit dans leurs choix ou pour le moins de ne pouvoir suivre le mouvement. Dans tous les conseils scolaires on semble reconnaître et répondre aux besoins selon les moyens du bord et l'ampleur des problèmes d'intégration à prendre en considération. Toutefois en fonction de la discussion ci-dessus ces mesures ne sont peut-être pas suffisantes.

Des efforts à faire

Les efforts de planification déployés ou prévus dans le but de faciliter l'accueil et l'intégration sont de bon aloi. Cependant si l'on prend en considération le faible pourcentage d'augmentation des chiffres depuis 2000, l'on voit que les efforts doivent être surmultipliés. Si l'on voit un maintien général de l'effectif des nouveaux arrivants pour 2004, il apparaît que pour 2005 il y a un progrès par rapport à 2004. On est donc sur la bonne voie.

Il faut rappeler que là où il y a une baisse, ou peu ou prou de nouveaux arrivants sont répertoriés, la situation est grave car cela veut dire que la communauté a peu de chances de s'agrandir et qu'elle n'a pas le dynamisme pour attirer les nouveaux arrivants, mais cela n'est peut-être pas du ressort de la communauté. Les agents de l'immigration sont les premiers à diriger les nouveaux arrivants dans un sens ou un autre. S'il n'y a pas lieu de prédire l'essor économique d'une région pourquoi y envoyer davantage de personnes. Il faudrait peut-être cibler les régions où l'infrastructure est apte à accueillir de nouvelles personnes ou alors faire un effort au niveau provincial pour développer des réseaux de soutien.

La diversité des origines indiquée dans le sondage de l'Organisme Communautaire des Services aux Immigrants d'Ottawa (OCISO, 2005) a lieu de faire réfléchir à la problématique d'une telle mosaïque. Il y a lieu de tenir un nouveau discours sur la citoyenneté et prévoir une construction identitaire élargie.

Des moyens doivent être mis en œuvre pour assurer un dynamisme accru au sein des écoles en faveur des communautés francophones, vu que ce sera sans doute au niveau de l'école que l'essor pourra avoir lieu.

Vue d'ensemble

La question de l'accueil prend une importance cruciale. Cela surtout face à l'attrait de la communauté linguistique dominante comme c'est le cas pour tout contexte social minoritaire.

Une reconnaissance accrue doit être attribuée à la dualité linguistique. En effet, si le programme forme des élèves de langue française qui sont aussi des bilingues compétents, il n'y aurait pas lieu de devoir faire un choix pour les nouveaux immigrants, au moment de leur arrivée, allant à l'encontre de l'essor de la francophonie ontarienne. Ceci est non seulement vrai pour les nouveaux arrivants, mais aussi pour les jeunes francophones cherchant à ne pas limiter leurs futurs choix.

Vu les différentes réalités sociales dont les personnes nouvellement arrivées sont issues, leurs questions doivent pouvoir être traitées avec un certain degré d'individualisation. Les bonnes intentions et les attitudes positives notées ne sont pas suffisantes.

Quelques conseils scolaires francophones de l'Ontario assurent une formation de personnel désigné par des agents communautaires déjà formés. Dans l'ensemble toutefois on fait appel à une personne ressource et il semble que cette personne soit choisie pour sa tolérance ou son interaction antérieure avec de nouveaux arrivants. La totalité du personnel scolaire devrait être initiée à la communication interculturelle et à la prise de conscience des besoins précis au niveau des services et des ressources nécessaires car il s'agit de comprendre le dépaysement de tout un être humain.

Les nouveaux arrivants ont des besoins précis d'information, de facilitation, d'orientation quelle que soit la communauté d'accueil et il serait bon qu'une personne renseignée soit présente quand les questions exigent des réponses. Ces services seraient plus performants si, dans la mesure du possible, une structure d'accueil pouvait répondre aussi aux besoins du groupe familial et non-seulement à ceux de l'élève.

La publicité faite pour attirer des élèves aux écoles de langue française ne reste souvent que régionale alors que les points d'entrée aux grands aéroports devraient être les points de distribution de ces informations sur l'école et sur les programmes offerts en vue de l'orientation des nouveaux canadiens par les agents d'immigration.

Les stratégies élaborées par les conseils et décrites sur leurs différents sites Web montrent des pratiques positives pour faire connaître l'école et faciliter l'insertion des nouveaux arrivants.

5.3. Un nombre de pistes pour l'accueil

Des efforts collectifs ciblés devraient permettre une plus grande visibilité pour ce qui a trait à l'accueil :

a) par un parrainage collectif
Il va sans dire que des pratiques d'accueil liées à des efforts concertés sont de rigueur si l'on aspire à attirer et retenir des immigrants francophones en Ontario. L'on doit viser l'amélioration des structures d'accueil et d'insertion sociale et économique qui sont en place à l'heure actuelle.

Vu qu'une masse culturelle relativement importante est nécessaire pour faciliter l'insertion, il est évident que les grands centres urbains où cette masse critique existe, vont voir le plus grand nombre de nouveaux immigrants. Mais la ghettoïsation dans certains cas ferait pencher la balance en faveur d'une insertion à l'extérieur des villes.

b) par la publicité
Il faut recueillir et constamment remettre à jour tous les renseignements pertinents sur les communautés francophones en milieu minoritaire si l'on veut attirer des immigrants francophones. Il faut encourager et soutenir les entrepreneurs médiatiques et culturels à œuvrer sur le plan provincial d'un commun accord avec les agents d'immigration, qui distribueraient des brochures d'information à tous les immigrants d'expression française et ceci avant même qu'ils entrent au Canada.

c) par des projets innovateurs et rassembleurs pour l'accueil, l'établissement et l'insertion

L'établissement de réseaux qui permettent de voir au suivi et de constamment repenser le dynamisme de la communauté serait de mise. Il faudrait prévoir des activités de loisirs et touristiques ainsi que des échanges entre des personnes entre les provinces (par exemple entre francophones de l'Ontario, du Québec, du Nouveau Brunswick, de la Nouvelle Écosse) pour renforcer les liens entre les conseils scolaires francophones et les communautés culturelles par lesquelles elles sont desservies.

Des liens entre les jeunes de même origine culturelle par le biais de chat sur Internet à travers les écoles et par groupes d'âge pourrait s'avérer positif etc.

L'accord très récent avec la province de Québec (mai-juin 2006) pourrait avoir des retentissements importants sur l'essor et le bien-être de la francophonie ontarienne. Ce genre d'accord pourrait être étendu à d'autres provinces.

d) par une formation en communication interculturelle, antiraciste

Il s'agit de développer la prise de conscience de la diversité auprès de tout le personnel scolaire pour l'essor économique de la communauté car il s'agit de mesurer les mots qu'on utilise.

Dans la même veine il conviendrait de mettre sur pied des programmes menant au diplôme en « Médiation Culturelle » pour des élèves, des parents et/ou des agents communautaires.

e) par une réduction de l'anxiété

Les nouvelles initiatives du Ministère de l'Éducation (2006), relatives à la mise en place immédiate de deux crédits scolaires pour une langue internationale, qui peut déjà être acquise dans le cas d'immigrants comme par exemple la langue maternelle, les nouveaux arrivants qui complètent leur scolarisation au secondaire ont plus de temps libre pour apprendre les deux langues officielles. De plus des mesures nouvelles d'augmentation de crédits pour les expériences communautaires permettent de nouveaux contacts avec la communauté et des passerelles vers l'emploi ainsi que de se faire connaître et se faire apprécier.

f) par des stratégies et mécanismes d'évaluation
Des équipes volantes d'intervention très spécialisées devraient établir des profils d'élèves par divers modèles d'évaluation, à partager entre les enseignants, et à réviser de façon cyclique pour aller de l'avant.

Les tests devraient être standardisés par rapport aux capacités des autres élèves du même âge pour permettre la comparaison de niveau mais tout en donnant toute latitude d'interprétation pour des raisons de communication interculturelle. Il serait de mise d'évaluer également les compétences interculturelles.

g) par des projets pilotes innovateurs et charismatiques
Il y a lieu d'avoir des fêtes, prévoir des projets collectifs, par exemple de construction collective. On pourrait en plus du parrainage par familles d'accueil avoir recours à un système de parrainage d'un/e nouvel/le arrivant/e avec un pair plus âgé pour aider avec les devoirs etc.

h) par des liens entre le personnel d'immigration ou le ministère et les conseils scolaires
Il faudrait discuter de stratégies possibles.

i) par la souplesse des comités d'admission et des indications explicites sur les droits d'appel
Il faut clairement expliquer aux nouveaux arrivants refusés qu'ils ont un droit d'appel immédiat et futur. Il est aussi nécessaire de prévoir plus de flexibilité selon le milieu pour ne pas limiter le potentiel de multiplication auprès des futures générations.

j) par des classes de mise à niveau plus différenciées
Si l'effectif le permet, une adaptation par des cours intensifs, soit même des cours particuliers, et une entrée progressive dans le système régulier non-familier seraient l'idéal.

5.4. Viser l'intégration

Après l'accueil, qui doit aider les personnes à s'insérer dans une communauté scolaire, il faut se pencher sur les façons de permettre à ces personnes de s'établir pour de bon dans la communauté, comme citoyens à part entière, afin de leur permettre une intégration réussie. La réussite scolaire peut faciliter l'insertion mais l'intégration ne peut se faire que de façon graduelle et dépendra entièrement de l'individu.

Il semble que tous les moyens soient mis en œuvre pour aider tous les nouveaux arrivants individuellement. Ces intentions sont exprimées dans la plupart des directives et les documents d'un nombre de conseils scolaires attestent vouloir faciliter l'intégration. Nulle part toutefois cela est démontré par des stratégies à l'écoute de l'élève à moyen et à long terme.

Si les stratégies d'accueil sont en devenir dans les conseils scolaires, on ne sait pas non plus si des mesures d'intégration séparées existent. On semble traiter des questions qui se posent après l'accueil sur une base individuelle ultérieurement. L'intégration est souvent mentionnée comme allant de pair avec l'accueil. Il semblerait que la responsabilité de l'intégration soit déléguée aux centres communautaires, or celle-ci ne peut se faire que sur un volet. Une intégration réussie implique des efforts dans tous les champs d'action de la personne.

La prise de conscience des difficultés d'intégration doit se faire afin d'en garantir la réussite par les mesures suivantes :

a) par un projet provincial visant la construction identitaire, une mesure qui avait déjà été suggérée dans certains documents préalables.

b) par un climat de compréhension mutuelle.
Il s'agit de continuer à établir et renforcer les liens dans les communautés scolaires en mettant par exemple des représentants de nouveaux arrivants au rang de responsables et de membres honorifiques de la communauté d'accueil. Des listes de personnes ressources doivent inclure des représentants des communautés de nouveaux arrivants.

c) par la consultation avec des membres issus des communautés culturelles variées.
Il s'agit de traiter des questions nouvelles dans la communauté scolaire et de veiller à l'inclusion et à la représentation politique des nouveaux arrivants.

Surtout là où il y a de fortes concentrations ethniques un comité interculturel et une équipe d'animation socioculturelle doivent mettre sur pied un projet d'intégration socio-pédagogique pour tous.

d) par l'inclusion des nouveaux arrivants dans au moins une association pour les jeunes. Les activités parascolaires procurent des moments privilégiés pour la socialisation et il y a lieu de faire partie par exemple d'équipes sportives ou de génies en herbe, de patrouilles de scouts ou de guides ou de groupes artistiques…

e) par la création de campagnes régulières
Il serait bon de tenir plus d'une fois par année comme c'est le cas dans certains conseils des campagnes « Portes Ouvertes sur la communauté », soit aux écoles ou aux centres communautaires.

f) par l'accès des enseignants à des cours de formation continue
Il faut viser la formation interculturelle des enseignants et leur expliquer les composantes d'une société pluraliste de sorte que la théorie puisse féconder les pratiques.

g) par la révision du curriculum
Il doit inclure les faits saillants relatifs aux cultures des nouveaux et il faut aussi exclure tout ce qui pourrait offenser.

h) par la prise de conscience d'une diversité ethnoculturelle en mouvance
Il faut tenir compte d'une certaine mouvance reflétée par la diversité ethnoculturelle et inclure tous les nouveaux arrivants et les rendre responsables de l'édification de leur nouvelle société pluriculturelle en les engageant dans des pourparlers afin de procurer à tous les mêmes avantages, par respect pour la justice sociale (Garcia & Guerra, 2004; Gay, 2001).

i) par des cycles d'observations de nouveaux arrivants
Ceci devrait se poursuivre dans les écoles sur un nombre d'années jusqu'à leur intégration et des réunions régulières avec les parents de ces élèves devraient être tenues afin d'identifier les besoins de souplesse et la création de cellules de soutien ainsi que d'orientation des nouveaux arrivants vers la réussite scolaire en discutant des mesures à prendre (Banks & Banks, 2001; Gibson, 1998).

j) par la création de centres communautaires parascolaires
Pour permettre aux jeunes de se rencontrer, de s'entre-aider et d'établir des amitiés durables sans inclure les adultes, une maison des jeunes où ils peuvent se retrouver et continuer à parler la langue française en conversation en dehors du contexte scolaire avec des camarades nouveaux arrivants ainsi que les autres serait un lieu de brassage des populations. Dans le cas où ceci n'est pas possible un local d'une des écoles pourrait être libéré dans ce but.

k) par une aide technique ou personne de soutien présente à tous moments
Les sites Web des conseils contiennent déjà presque toute l'information requise et il faudrait qu'une personne soit présente pour répondre de façon régulière et pointue à toutes les questions (même des questions culturelles et d'interculturel) de tous les membres de la communauté y compris les nouveaux arrivants. L'on pourrait aussi avoir cette présence dans chaque école pour répondre aux questions posées soit de vive voix ou virtuellement grâce à un accès continuel à des ordinateurs.

l) par la poursuite de l'éducation à l'école familière pour ne pas déraciner
Les nouveaux arrivants au secondaire peuvent se retrouver à la porte de l'école avant leur intégration car on les envoie finir leur éducation au secteur adulte pour l'éducation continue.

m) par la mise sur pied de coopératives de solidarité
Il faut viser l'établissement durable dans la communauté d'accueil (Alejandro & Hao, 2002).

La grande question qui se posait était de savoir pourquoi est-ce que les nouveaux arrivants de langue française ne se dirigent pas vers l'école de langue française.

Il semble qu'on fait de son mieux pour l'accueil et l'intégration, le bilan d'ensemble face à l'effort est positif. Mais il n'y a pas de politique d'accueil et d'intégration proprement dite.

Les moyens mis en œuvre ne sont pas suffisants car il y a un grand nombre de nouveaux arrivants francophones en Ontario chaque année mais on n'en retrouve qu'un petit nombre dans les écoles de langue française. Il y a de plus un nombre non-négligeable de nouveaux arrivants qui parlent les deux langues officielles qui pourraient eux aussi choisir une éducation en langue française. Reste à savoir si la mise en place d'une politique d'accueil et d'intégration serait suffisante. Les ressources et les formations continues pour le personnel ne sont pas en place pour assurer l'uniformité dans les pratiques. Pour commencer il faut consolider ce qui existe déjà pour le soutien et l'insertion des nouveaux arrivants dans les secteurs où le besoin s'en fait vraiment sentir. Certains conseils n'ont pas de nombres suffisants de nouveaux arrivants en ce moment pour se consacrer aux questions que leur présence pose. Toutefois il y a lieu de se préparer partout en vue des politiques énoncées dans le Cadre stratégique visant à favoriser l'immigration au sein des communautés francophones en situation minoritaire du gouvernement fédéral, car un des objectifs cités est de recevoir des groupes d'immigrants dans toutes les régions. On commence à peine à identifier des mouvements vers certaines régions non-urbaines.

5.5. Le besoin d'intervenir sur un nombre d'aspects

Les grands axes d'intervention qui apparaissent les plus urgents concernent :

1. La remédiation au manque de souplesse et de créativité dans les manières de faire;

2. L'établissement de liens entre tous les organismes ayant à faire avec des nouveaux immigrants pour canaliser les actions et centraliser les données pour qu'elles puissent être partagées et utilisées de façon optimale;

3. Une formation sur les notions interculturelles et en construction identitaire pour une prise de conscience sur le savoir-être en général, savoir-être avec soi-même, c'est-à-dire se prendre en charge, et savoir-être avec les autres;

4. Un changement fondamental des mentalités avec une centration sur la coopération, le partage des ressources, des stratégies et un examen du financement possible pour en tirer la meilleure rentabilité;

5. Une nouvelle recherche avec une observation des pratiques.

5.5.1. La remédiation au manque de souplesse et d'imagination

Les écoles de langue anglaise acceptent tous les élèves qui s'y présentent mais l'école de langue française a un comité d'admission. Rien que ce fait pourrait constituer un obstacle si les nouveaux arrivants, déjà confrontés à une multitude de nouvelles questions, doivent en plus gérer cette situation.

Si l'on examine les tableaux de données relatives aux nouveaux arrivants en Ontario, l'on se rend compte que seul un nombre infime se dirige vers les écoles de langue française. Quelques questions ont été posées dans les pages précédentes mais si l'on adopte une perspective plus large, il est évident que les efforts produits sont largement insuffisants et que l'on doit faire preuve de plus de souplesse et trouver de nouvelles idées. En effet, en plus du nombre quelque peu limité de locuteurs de français première langue (0,9%) qui arrivent en Ontario, il existe un pourcentage plus élevé (aux alentours de 2%) de nouveaux arrivants qui déclarent parler les deux langues officielles et ajouté à cela, près de 45% environ ne parlent aucune des deux langues officielles, en plus de tous ceux qui parlent l'anglais. Il y a donc bon nombre qui pourraient choisir l'école de langue française.

Quels mécanismes sont à mettre en place? Quelles stratégies pourraient attirer et retenir les nouveaux arrivants?

1. Il y a lieu d'insister sur les besoins de communication incessants des écoles aux familles par des rappels et des contrôles des cheminements des nouveaux arrivants, mais le tout sous un éclairage tout à fait positif.

2. La proximité du Québec devrait pouvoir servir à des échanges dont les deux provinces pourraient profiter, et des liens entre les jeunes de langue française de toutes les provinces pourraient être établis. Pourquoi ne pas transformer les locaux de certaines écoles dans les communautés francophones à travers le Canada en colonies de vacances de langue française pour l'été, d'une part pour mieux faire connaître le pays et d'autre part assurer un suivi d'utilisation de la langue française dans un prolongement de l'école?

3. L'idée des CLIC, les Cours de Langue pour les besoins Immédiats de la Communication, est bonne et l'on pourrait en prévoir dans les

deux langues officielles pour permettre aux nouveaux arrivants, surtout ceux qui ne parlent aucune des deux langues officielles de voir laquelle des deux langues leur conviendrait le mieux. Le Canada est un pays où il est permis de faire des choix. Il semble urgent de saisir le contrôle laissé à la province pour influencer les tendances dans le sens de nouvelles perspectives désirables.

4. Pour des raisons de justice sociale, d'équité et de reconnaissance de la diversité la perspective à partir de laquelle on considère le besoin de soutien doit non seulement varier, être soit intensif, tutoriel ou de transition, mais aussi être adapté aux besoins changeants des personnes. Ceci rend nécessaire des évaluations ponctuelles tout le long du parcours des nouveaux arrivants jusqu'à leur intégration complète dans le milieu scolaire et le milieu social incluant une évaluation du savoir-être, du savoir-être avec, des savoir- faire (Kao, 1999).

5.5.2. L'établissement de liens entre tous les organismes

Il faudrait donc dès maintenant, si l'on veut examiner les tendances à la hausse ou à la baisse de nouveaux arrivants francophones, demander aux conseils scolaires de prendre des notes précises au sujet de l'arrivée de ces élèves, demander que la direction des affaires civiques du ministère de Citoyenneté et Immigration Canada (CIC) prennent des renseignements supplémentaires sur les deux langues officielles parlées par les immigrants et surtout que les langues parlées par leurs enfants soient comptées séparément. Enfin il serait bon de pouvoir centraliser toutes ces données pour qu'elles puissent être vérifiées les unes contre les autres et centralisées. Le ministère de l'éducation pourrait assumer la responsabilité d'articuler les requêtes de données auprès des organismes concernés pour servir les besoins de planification de la manière la plus efficace possible.

Des lignes de communication ouvertes entre toutes les agences gouvernementales et non gouvernementales sont d'importance cruciale si l'on prend au sérieux le dossier sur l'immigration tel que décrit dans le Cadre stratégique. Cette action pourrait avoir des ramifications positives énormes et créer des réseaux de personnes entre différents niveaux administratifs entre tous ceux qui œuvrent dans le contexte des nouveaux arrivants de langue française. Il s'agit de mettre sur pied une collaboration plus étroite entre les Ministères de

Citoyenneté et Immigration Canada et le Ministère des Affaires Civiques et de l'Immigration de l'Ontario pour informer les nouveaux arrivants concernés, dès leur entrée et avant même, sur l'éducation en langue française. Le Ministère des Affaires Civiques sera à même de collaborer avec les autres Ministères de l'Ontario et plus particulièrement avec le Ministère de l'Éducation et de la Formation pour la coordination des mouvements des nouveaux arrivants.

Une nouvelle direction des affaires civiques (CIC, 2006) va coordonner « l'élaboration de stratégies provinciales pour rehausser les buts de l'Ontario en matière d'immigration et d'aide à l'établissement » www.citizenship.gov.on.ca/french/cit div/immigration/index.html, www.ontarioimmigration.ca/fr/index.htm.

Il est urgent de formuler et d'envoyer les questions qui créent problèmes pour obtenir l'aide requise immédiatement. Les nouveaux arrivants doivent être guidés dans leurs choix au départ. C'est là peut-être qu'il s'agit de faire des recherches plus poussées. Il est vrai que la politique d'immigration du gouvernement fédéral avait la mainmise sur les pratiques provinciales (excepté pour le Québec) jusqu'à présent mais l'Ontario a réussi à obtenir également une certaine indépendance dans ce domaine.

Avec les moyens technologiques auxquels nous avons accès aujourd'hui et toute la bonne volonté manifestée, la liste des aides possibles et l'accès facile aux sites, ainsi que des lignes de communication ouvertes avec les agents de l'immigration, tout cela devrait grandement faciliter l'accueil et l'intégration.

5.5.3. Une formation sur les notions interculturelles et la construction identitaire

Les personnes qui sont à même de bien gérer les interactions interculturelles possèdent des qualités très recherchées à l'heure actuelle, surtout dans le monde des affaires et de la diplomatie. Il va sans dire que les élèves des écoles qui ont cette expérience directe ont une compréhension supérieure de la diversité et ont eu le temps de développer des attitudes tolérantes, une empathie supplémentaire et une compréhension plus avancée de l'altérité pour éviter les échecs en communication.

Les personnes évoluent dans une société qui influence leur comportement. Il y a de nombreux facteurs implicites qui affectent l'interaction et surtout la communication interculturelle et il faut en prendre connaissance.

Des médiateurs culturels peuvent faciliter la communication avec les parents pour expliquer les rôles des parents au Canada, et plus particulièrement comment fonctionnent les écoles en Ontario ainsi que les attentes du système. Les responsabilités doivent être partagées. L'école comme agent de médiation entre la société en général, et la famille en particulier, peut mieux remplir son rôle institutionnel en rendant l'expérience positive et en opérant avec soin et raison, avec cohérence et patience.

Il faut des outils de réflexion en construction identitaire basés sur des pratiques réussies car un cadre conceptuel seul n'est pas suffisant. L'engagement et la participation vont de pair. Il faut apprendre à être réceptif pour gérer la mouvance de l'identité. Il s'agit de prendre connaissance des facteurs implicites dans les contextes sociaux et les aspects relatifs à sa propre cybernétique. De Gramont donne quatre composantes dans sa définition de la « métaphore de soi », notamment une composante biologique, une composante contextuelle, une composante conventionnelle et une composante « poétique ».

Il est d'importance cruciale de développer auprès des élèves la motivation à observer et percevoir, participer et analyser ses expériences, choisir et rejeter des actions et viser le développement de l'esprit d'initiative.

Des cours ciblés sur les notions interculturelles et la construction identitaire devraient faire partie de la formation initiale des enseignants et des ateliers en formation continue pour tout le personnel des écoles si l'on souhaite initier les apprenants à ces notions, et aussi en appliquer les principes dans les pratiques. Le but visé est l'acquisition de stratégies métacognitives et de construits comme le savoir-être et les manières d'être, le savoir-être-avec (soi-même et les autres), le savoir structurer etc.

5.5.4. Un changement de mentalité fondamental

Un effort collectif et bien ciblé dans le but d'assurer l'uniformité des pratiques porterait ses fruits. Nous avons mis en relief des orientations précises et les avons fait suivre de suggestions dans notre discussion de pistes. Ce qui ressort, dans l'ensemble, c'est le besoin d'orchestration sur le plan provincial suivi d'une mise en commun des ressources au niveau de chaque conseil scolaire et d'une amorce de dialogue entre les conseils car l'accueil et l'intégration des nouveaux arrivants en Ontario sont la responsabilité de tous les acteurs de la communauté éducative.

La complexité de la question tient au fait qu'il faut tenir compte à la fois et à tout moment de paramètres transversaux et que seule une complémentarité entre les personnes va permettre d'atteindre les objectifs visés.

Certaines questions semblent difficilement abordables dans un contexte scolaire trop structuré. Toutefois il faut parfois se plier aux besoins institutionnels. Il faudrait un certain détachement. Comment peut-on par exemple découvrir le vrai potentiel sinon par l'observation sur six mois car un/e nouvel/le arrivant/e peut avoir différentes habitudes scolaires et culturelles en plus d'avoir à s'ajuster à différents agencements dans l'ordre des notions enseignées. En ce qui concerne les trousses d'évaluation diagnostique il faut être prêt à accepter de faire des compromis. On ne peut standardiser et en même temps reconnaître les différences individuelles. Tous les outils d'évaluation existants et les manières d'évaluer doivent faire l'objet d'un contrôle pour éliminer les biais culturels. Enfin il faudrait, dans chaque cas, se mettre au courant des différences culturelles face à ce qu'il faut enseigner et comment faire pour remédier aux lacunes.

Une certaine souplesse dans la programmation et l'entraide dans la province seraient préférables à la division et à la compétition entre les écoles de langue française.
    Tous les efforts devraient être mis en commun. En ce qui concerne les cours d'Actualisation Linguistique en Français (ALF) et les Programmes de Perfectionnement du Français (PDF), on pourrait se mettre en contact avec les spécialistes de langue seconde pour le partage de stratégies et d'interventions.

Toutes les institutions francophones qui travaillent avec les nouveaux immigrants doivent aller de front pour éviter la surmultiplication des efforts. Le partage des expériences peut enrichir tout le monde. Toutes les informations pertinentes devraient faire l'objet d'une collecte et être classées dans un centre de ressources central.

Il faut viser l'amélioration de l'apprentissage de la langue et la résolution de problèmes par l'utilisation de stratégies connues mais également en trouver d'autres car on fera face à des situations nouvelles (Myers, 2004; Rothstein-Fish, Greenfield & Trumbull, 1999) car les nouveaux arrivants amènent avec eux des nouvelles manières de penser, d'être et d'agir.

5.5.5. Une nouvelle recherche

À l'avenir il serait utile de faire des observations sur place pour avoir une idée plus précise sur les questions d'accueil et d'intégration en plus d'un sondage. Il est important d'observer les pratiques.

Il serait utile, avant d'entreprendre une autre étude de ce genre, de faire une petite étude pilote initiale afin d'ajuster les questions du sondage pour qu'elles se rapprochent mieux des situations à explorer et pour qu'elles soient mieux cadrées.

Mais dans l'immédiat il conviendrait de mettre sur pieds une nouvelle recherche selon le cadrage suivant :

L'on pourrait mettre en place un projet pilote dans deux ou trois conseils pour former des leaders pour l'accueil et l'intégration des nouveaux arrivants et pour lequel on s'attendrait à, par exemple :

1. des stratégies d'évaluation plus adéquates

2. une formation en interculturel et en construction identitaire

3. des mécanismes d'intervention et de suivi souples et bien ciblés

4. un recensement plus ciblé au niveau des statistiques (pays d'origine, langues parlées, première langue, etc.)

Chapitre 6.

Répercussions sur les politiques

Il est important de dire d'ores et déjà que le Ministère a bien tenu compte des recommandations des divers groupes consultés et que l'on prête attention aux résultats des rapports de recherche. Dans une communication récente (Denis Giguère, juin 2014) on m'a assuré qu'une politique d'accueil et d'intégration a été mise en place partout dans les Conseils Scolaires qui avaient fait l'objet de l'étude précédente (Myers, 2006).

6.1. L'adoption des nouvelles mesures

Un nombre des difficultés identifiées dans l'étude subventionnée par le Ministère (Myers, 2006), a fait l'objet de mesures préventives et palliatives dictées par le Ministère dans de nouveaux documents (Ministère de l'Éducation de l'Ontario, 2009a, 2009b, 2010a, 2010b, 2010c) pour amener des changements aux pratiques courantes. Ces nouvelles mesures furent analysées et comparées aux changements prescrits dans le rapport de recherche les précédant (Myers, 2006) ce qui nous a amenée à tirer les conclusions qui s'imposaient au sujet de la nouvelle implantation prévue et de la sorte faire de nouvelles recommandations en vue de changements supplémentaires.

Nous avons analysé les textes des cinq documents ministériels publiés de 2009 à 2010. Ils ont aussi été comparés aux recommandations que nous avions faites (Myers, 2006) après l'examen des données recueillies suite à l'administration d'un questionnaire à tous les Conseils Scolaires de langue française de la province sur les nouveaux arrivants couvrant les quatre années précédentes. Nous avons aussi identifiés des pistes pour de nouvelles enquêtes. Il s'agit de remarquer que les nouvelles directives ne font pas de référence directe à notre rapport de 2006, il est pourtant intéressant de noter que dans les documents subséquents des efforts ont été faits pour régler toutes les situations-problèmes que nous avions identifiées par rapport à des questions précises sur l'accueil et l'intégration des nouveaux dans les écoles. Dans le document 2009a l'on mentionne un cadre d'orientation et d'intervention pour une approche culturelle dans l'enseignement de la langue. Les quatre autres documents intitulés *Admission, accueil et rétention des élèves dans les écoles de langue française en Ontario* (Ministère de l'Éducation, 2009b), *Programme de soutien pour les nouveaux arrivants* (Ministère de l'Éducation, 2010a), *Le curriculum de l'Ontario du grade 1 au grade 8, Support linguistique en français* (Ministère de l' Éducation, 2010b) et *Le curriculum de l'Ontario du grade 9 au grade 12, Support linguistique en français* (Ministère de l' Éducation, 2010c) répondent tous aux besoins exprimés dans le rapport de recherche de 2006.

Les documents peuvent être décrits comme suit; celui de 2009a introduit l'approche culturelle; le document 2009b fait le tour d'horizon des fondations, des directives et des stratégies de manière plus ciblée en incluant des exemples de pratiques exemplaires ainsi que des tableaux décrivant les rôles précis que doivent jouer les parties clés impliquées. Dans le document de 2010a, l'on ajoute de plus amples détails, en partant d'une contextualisation suivie des éléments précis attendus dans l'évaluation, avec la description de diverses stratégies visant à répondre à des besoins d'apprentissage précis. Des exemplaires précis font suite à cela dans le but de guider les enseignants et les développeurs de manuels scolaires dans leurs choix de sujets à couvrir en communication orale, en lecture, en production écrite et en initiation à la société canadienne. Les documents 2010b et 2010c procurent les instructions pour les programmes d'enseignement, avec tous les détails à prendre en compte pas à pas pour instruire. Ces documents (2010b et 2010c) reflètent le soin tout spécial accordé à l'articulation détaillée des étapes mentionnées dans les documents préalables.

Non seulement y trouve-t-on d'amples explications de descriptions des directives attestant de la qualité du travail mais il est aussi à noter que le contenu reflète tout à fait les résultats de recherche les plus récents relativement aux théories sous-jacentes aux besoins d'adaptation du curriculum dans les contextes interculturels.

Des options favorables ont été mises en place pour stimuler les nouveaux arrivants bilingues dans les écoles et on leur propose dès leur arrivée le choix entre une école francophone ou bilingue contrevenant ainsi le choix systématique préalable en faveur de l'anglais, une des causes fondamentales du problème causé par les chiffres bas d'inscrits dans ces écoles. L'établissement d'échanges constants entre les enseignants et les élèves comme par la mise sur pieds d'une communauté de pratiques (Lave & Wenger, 1991; Wenger, 1998) a permis de mettre en lumière des perspectives culturelles des multiples cultures francophones. Pour subvenir aux besoins financiers supplémentaires liés à ces actions, il serait bon qu'une sponsorisation collective ait lieu pour d'une part une aide à l'insertion sociale et économique et d'autre part pour les acticités scolaires. Comme les nouveaux sont dirigés maintenant vers des centres non-urbains il s'agit de canaliser les fonds dans cette direction. Dans notre rapport de recherche nous avions regroupé les données autour de quatre axes d'intervention suite aux thèmes identifiés qu'ils soient directement ou indirectement liés aux pratiques d'enseignement. Il faut s'efforcer: d'étendre davantage l'éventail des réseaux ayant comme base commune la langue afin de pénétrer dans la pluralité des ethnicités; de faciliter l'acceptation de la différence et le soutien des différentes identités; de reconnaître les divers contextes concernés en trouvant un champ d'action commun grâce à un soutien de l'école ciblé; finalement de rendre les programmes d'études abordables pour tous les consommateurs. Ces titres furent aussi divisés en sous-sections.

Les rôles des enseignants

Ils peuvent veiller à l'établissement d'une communauté branchée. Les coupures entre les habitudes d'origine et celles des participants de la communauté d'accueil sont souvent difficiles à gérer. Vivre comme avant ne fait que produire un décalage dans l'affrontement nécessaire de l'environnement non-familier. Nous avions proposé deux idées pour faciliter l'intégration. D'une part il faut leur apprendre comment se brancher dans le nouveau contexte avec toutes les technologies disponibles afin qu'ils puissent rétablir des liens avec le « monde » qu'ils ont quitté. D'autre part il est nécessaire de planifier un processus d'intégration dans le nouvel environnement et de les inclure dans le tissage du nouveau « tissu social » en devenir. Les enseignants peuvent aider directement avec les contacts par Internet, en les maintenant et leur permettant d'augmenter et aussi de faire en sorte que les nouveaux soient pris en charge dès le départ par la nouvelle communauté en établissant un cadre d'action.

Le maintien et l'extension des contacts et l'utilisation d'Internet

C'est par les médias que la participation distribuée est possible (Myers, 2006). Il faut s'assurer de la diffusion des informations données par les acteurs communautaires et les entrepreneurs dans les médias en langue française et s'assurer qu'on puisse y avoir accès. Les sites Web sont mentionnés dans le document 2009a comme source d'accès au soutien qu'on recherche. Déjà en 2006 un système de soutien conséquent était en place dans plusieurs contextes scolaires donnant accès à d'amples renseignements pour les apprenants. Il fut suggéré d'élargir les contenus et d'en autoriser l'accès à tous les membres de la communauté intéressés, pas seulement aux jeunes dans les écoles. La socialisation se développe par Internet mais c'est le cas aussi de l'apprentissage et du développement individuels. Il avait été noté en 2006 que le nombre d'usagers adultes était faible et vu le gain possible par ce biais, l'on avait recommandé des cours d'initiation pour les groupes d'adultes. Là encore les enseignants peuvent jouer un rôle crucial. Dans le document de 2009a l'on a même vu l'inclusion à la fois de la famille et des personnes au niveau de l'école comme groupes qui devraient être branchés (p.14) pour pouvoir ajouter leurs opinions sur les directions prises dans le développement culturel. Cette citation dans le texte de 2009a correspond aux recommandations faites dans le rapport de recherche (Myers, 2006). La formation de l'identité culturelle est vue comme dynamique (p.29) et grâce aux médias la composante « vision du monde » (p.5) peut y être incluse comme il avait été suggéré dans le rapport de recherche. Le document 2009b combine une connectivité dans le partage des responsabilités de la part des Conseils Scolaires et des administrations. On leur rappelle de garder à l'esprit les « réalités régionales » (p.3) mais d'inclure en même temps le contexte canadien plus vaste, en prenant en compte la Constitution Canadienne et la Loi sur l'Éducation. Au niveau micro l'on recommande de mettre les nouveaux parents en réseaux, d'encourager les partenariats dans la communauté, et de stimuler des projets communautaires, le tout allant dans le sens même des recommandations de Myers (2006).

Dans le document 2009b, il est aussi fait mention d'établir des liens avec les problèmes dans le monde, de voir à l'éducation environnementale, de créer une culture d'accueil bienveillante, d'utiliser les technologies, de faire des plans pour une carrière, de préparer un passeport de compétences et de prévoir des situations d'apprentissage expérientielles par l'éducation coopérative car dit-on elles font toutes parties de l'enveloppe d'expériences (p.57) que l'on est sensé procurer dans les écoles pour les nouveaux. De tels efforts vont sans nul doute porter des fruits. Mention est faite des aspects ci-dessus dans les documents 2010a, 2010b et 2010c avec l'ajout de détails supplémentaires considérés avec beaucoup de soins.

L'aide des enseignants dans la mise sur pieds d'un cadre de soutien communautaire

Tout comme le besoin fut identifié pour une individualisation basée sur des besoins individuels précis il fut aussi établi qu'il fallait remédier au soutien pour les communautés en général. L'on ressentait aussi le besoin d'un soutien ciblé d'après les spécialistes pour le type de soutien que seul du personnel entraîné pouvait procurer (Garcia & Guerra, 2004; Lynch & Hanson, 1992). Myers (2006) recommandait de prévoir des cours de prise de conscience interculturelle pour tout le personnel scolaire car un manque avait été identifié dans ce domaine. Il était aussi question d'aider non seulement les nouveaux dans les écoles mais le soutien familial devait devenir une priorité, ce qui avait déjà été identifié préalablement par des chercheurs sur l'immigration (Gibson, 1998; Jandt, 2004; Myers, 2006). Dans le document 2009b (Ministère de l'Éducation de l'Ontario, 2009b) l'on trouve spécifiquement mention faite que le personnel de soutien, tout autant que le reste du personnel à l'école a un rôle à jouer dans le support culturel (p.5). Le titre trouvé à la page 14, « Pour une action concertée de la famille, de l'école et de la communauté » rend bien compte des besoins ressentis correspondant à une mention faite par Myers (2006) à ce sujet et il est intéressant de voir que ce besoin continue à se faire sentir. Les partenaires communautaires sont vus comme des acteurs-clés dans la vie culturelle des nouveaux (p.15) et ceci non seulement dans le développement langagier dont nous parlerons dans la section suivante, mais aussi par rapport aux compétences à acquérir pour le milieu du travail. L'on cite aussi l'importance d'internaliser la culture collective et de devenir des agents du changement comme si cela correspondait à une manière de mesurer l'atteinte d'un certain niveau dans la nouvelle culture (p.24). Il faut mentionner que dans le rapport de Myers l'on ne faisait mention que de faciliter le succès de l'intégration, il n'avait nullement été question de ce qui semble correspondre à une assimilation dans la culture locale. Des programmes spéciaux d'initiatives culturelles sont d'importance cruciale et cela dans le but de donner des responsabilités aux nouveaux pour qu'ils se sentent valorisés (p.59), une suggestion qu'on trouve déjà dans le rapport de recherche de 2006. Il s'agit de montrer aux nouveaux qu'ils sont représentés dans la communauté et les enseignants doivent aussi veiller à cela. Le document de 2009b (Ministère de l'Éducation de l'Ontario) mentionne l'école comme étant la colle qui unit les familles et la communauté dans des projets (p.5). Dans le document de 2010a cette notion a la priorité et l'on y ajoute le besoin d'un enseignement évitant toute atteinte à la sûreté et la sécurité (Ministère de l'Éducation de l'Ontario, 2010a, p. 58a). Les documents suivants sur les programmes (2010b; 2010c) font d'autres références à ces deux aspects qu'on pourrait trouver quelque peu surprenants, mais ils se trouvent contextualisés car ils sont mentionnés dans le cas des cours d'éducation coopérative, des cours qui exigent la participation en milieu du travail et que tous les étudiants dans la province doivent compléter. La sûreté et la sécurité sont d'ailleurs contextualisées plus avant par rapport aux différents contextes culturels et mention est faite de sentiments de « sécurité culturelle » mais il semblerait qu'on fasse allusion au besoin de s'aligner avec les attentes canadiennes dans ce domaine.

L'utilisation de la langue comme fil directeur sous-jacent permettant le passage à travers la pluralité ethnologique

Le cadre de support communautaire, comme décrit ci-dessus est centré sur la langue française (2010a, p.5) dans le document distribué dans les écoles. L'on voit l'utilisation des liens avec la langue pour rallier les personnes venant d'origines qui pourraient être connectées par la culture dans le but de créer « une histoire culturelle ». Cette idée semble attrayante et pourrait rassembler des 'francophiles' qui s'étaient éloignés mais aimeraient une appartenance à ce groupe; il semble en effet que l'on ouvre les portes et les entrées de francophones dont les racines sont éloignées sont à nouveau souhaitées. Les enseignants sont aussi responsables de faciliter l'acceptation dans le pays et d'apporter le soutien nécessaire face à la diversité.

Faciliter l'acceptation de la différence

Les mesures actuelles allant dans ce sens ont été bien considérées et sont ouvertes sur l'avenir. Toutefois, les chiffres obtenus en 2004 sur le nombre des nouveaux arrivants dans le milieu scolaire de langue française sur les quatre années précédentes montraient que très peu de nouveaux étaient inscrits dans ces écoles. Cependant Immigration Canada (CIC, 2004) et le gouvernement de la Province de l'Ontario (Official Languages Support Programme, 2009) s'attendaient à un accroissement, pour différentes raisons, le maintien des écoles de langue française, le bilinguisme canadien, et l'accroissement des chiffres dans les communautés francophones. Dans cet esprit, Myers (2006) avait recommandé de voir à l'acceptation de tous les enfants intéressés par une éducation en français quelle que fut leur langue d'origine, le fait de se sentir des affinités pour la langue et la culture française devenant une condition suffisante. Il faut aussi examiner le contexte socio-économique d'une région afin d'établir si les nouveaux pourront s'y trouver bien d'une part et d'autre part il faut voir aussi si la région a besoin d'un souffle nouveau pour survivre. Comme le suggère les chercheurs, vu la diversité des origines des francophones, il s'agirait de prévoir une vision de construction identitaire plus large (Shweder, Minow, & Markus, 2002). Il faut donc compter sur une autre dynamique et ceci fut déclaré possible dans le contexte d'une scolarisation (Portes & Hao, 2002). La lecture des nouveaux documents (Ministère de l'Éducation de l'Ontario, 2009b, 2010a, 2010b, 2010c) permet de clarifier ces points. Il est fait mention spécifiquement de la revitalisation de la communauté francophone avec l'ajout des nouveaux et, de plus, l'on trouve les détails précisant le besoin de réfléchir sur les stratégies d'accueil, incluant la nécessaire tolérance des enseignants face aux variétés de langue et aux variations dans les usages et ceci plus particulièrement dans le document 2009c (p.18).

Des identités francophones diverses

Dans les documents on dit accepter les identités de cultures plurielles dans les écoles. Dans le document 2009a un bref balayage historique permet un tour d'horizon de la composition de la communauté francophone de l'Ontario comme comprenant des ressortissants du bas-Canada (c'est-à-dire du Québec) avec des ajouts progressifs de personnes venant de partout dans le monde, notamment de l'Europe, des Antilles, de l'Asie et de l'Afrique (p.11). Comme Myers (2006) le mentionne dans le rapport, la pluralité des contextes doit être reconnue et les diverses bases sur lesquelles reposent les connaissances acquises par ces personnes doivent faire l'objet d'une intégration dans les programmes et être utilisées pour l'ancrage de l'étude de la culture pluraliste francophone contemporaine (p15). Le phénomène d'acculturation est expliqué dans la perspective de l'accroissement du contingent de locuteurs francophones. Dans le document on opte pour un cadrage qui ne s'éloigne jamais de la politique linguistique (Ministère de l'Éducation de l'Ontario, 2004, 2005) comme ce fut recommandé par Myers (2006), dans la mesure où les aspects suivants furent mis en relief, notamment le besoin d'augmenter la capacité communicative des étudiants, afin de promouvoir au maximum leurs habiletés à apprendre et construire leur identité; d'étendre à tous les niveaux la capacité du personnel scolaire à travailler dans le milieu minoritaire afin de soutenir l'apprentissage des nouveaux et leur construction identitaire; de généraliser la capacité des conseillers scolaires de maintenir et d'accroître les nombres de nouveaux en milieu scolaire de langue française. La manière dont les rôles liés à ces aspects sont accentués dans les documents de 2009b, 2010b et 2010c, est révélatrice. Étant donné le fait que l'on donne aussi une place de choix à l'approche culturelle de l'enseignement dans le document 2010a, conforte l'idée d'une responsabilisation des enseignants face à cette approche. Ces documents permettent aussi de se rendre compte de la manière approfondie par laquelle le Ministère a tenu compte des données de recherche (Brislin, 2000; McLaren, 1995).

Identifier des champs communs pour une action ciblée dans les écoles

Dans les documents 2010a, 2010b et 2010c il est dit d'être d'importance cruciale d'apporter de l'aide à chaque apprenant et de plus l'on procure des raffinements dans les descriptions de démarches tout à fait inattendus. Les sous-titres de tous ces documents sont « appuyer chaque élève » et l'expression devient aussi le leit-motiv à travers les documents, dans lesquels il est bien évident qu'on préconise d'apporter toute l'aide nécessaire, de la manière la plus complète et ceci à différents niveaux. Nous nous penchons sur ces aspects ci-dessous en ce qui concerne la diversité, les possibilités de transition et la simplification de l'accès au curriculum.

Les enseignants ont la responsabilité de la prise en compte de la diversité des contextes.

Les pratiques différenciées et systématiques n'ont pas seulement fait l'objet d'un examen en fonction de la variabilité dans les contextes individuels mais aussi à la lumière des variétés de français et de la variété dans l'usage (Myers, 2006).

De plus, l'on recommanda des cours d'anglais pour les nouveaux qui ne connaissaient pas la langue afin de faciliter leur intégration dans le bilinguisme canadien. Une session d'initiation fut suggérée par Myers afin de mettre les parents au courant de leurs droits afin qu'ils puissent s'assurer que leurs enfants puissent bénéficier des mêmes avantages que ceux des autres. Cette mesure est également notée dans les directives du Ministère. L'on a aussi trouvé essentiel que soient acceptés à l'école de langue française, les enfants qui ne savaient pas l'anglais mais qui dans le passé n'avaient pas été jugés acceptables vu leur niveau de français qui laissait à désirer, après une période de mise à niveau. Le décalage entre les nombres de nouveaux entre les écoles francophones et anglophones se trouvait en fait agrandi dû au fait qu'on refusait l'accès aux nouveaux d'origine française à cause de leur variété de français, alors que l'école anglaise acceptait tout le monde. Ceci contribua aussi à la réduction de la croissance en milieu francophone.

Myers (2006) recommandait aussi la participation dans la communauté afin de garantir l'usage quotidien de la langue en contexte, tout en insistant sur le besoin de leur procurer des cours supplémentaires pour leur développement langagier, tout comme cela est le cas de cours financés pour le développement de l'anglais (ELD, English Language Development). Ceci a vu le jour, depuis. Avant, l'organisation des classes d'accueil était tel qu'on obligeait de retirer les apprenants de leurs cours réguliers pour ce renforcement du français. Myers a aussi suggéré que l'on augmente les activités communautaires afin de rassembler les personnes, notant que ces activités ne devaient pas toujours nécessairement tourner autour de l'école. Cette recommandation est faite dans le document 2009a et l'on y ajoute qu'une grande partie des activités communautaires soient rattachées à la vie scolaire. Selon nous, cela pourrait avoir de graves conséquences pour les personnes concernées: cela veut dire que les enseignants devront de plus assumer une charge de travail supplémentaire, mais pour la communauté cela pourrait signifier un contrôle supplémentaire tant au niveau de langue utilisée qu'en ce qui concerne les activités proprement dites, sans liberté de choix. L'on a suggéré que dans le contexte scolaire il était essentiel de développer la motivation des apprenants pour augmenter leurs facultés d'observation, leur perception, leur participation, d'augmenter leurs analyses d'expérience, de développer leurs capacités de choisir ou de rejeter des actions ainsi que de viser à développer l'initiative (2009b). Dans le document on insistait sur les besoins qui viennent d'être cités ainsi que sur l'inclusion des nouveaux dans des rôles de leaders (p.48) et le besoin de leur donner des responsabilités (p.59), ce que Myers (2006) avait mentionné comme des actions désirables. Les documents de 2010b et 2010c décrivent comment on met à la disposition des nouveaux plus d'aide au développement langagier et l'on y décrit des exemples de mesures évaluatives adaptés à chaque profil précis d'apprenant.

L'approche différenciée est aussi incluse dans l'évaluation dans le document de 2009a, avec à l'appui des catégories comprenant les connaissances et la compréhension, les habiletés de réflexion, la compétence en communication et en application. L'accent est mis sur les stratégies et l'apprentissage de capacités plutôt qu'une concentration seule sur l'utilisation de la langue dans le cas de descripteurs de toutes les catégories. L'on insiste d'autre part pour que la division des notes soit basée sur 70% pour l'évaluation formative et 30% pour l'évaluation sommative qui, il est précisé, se fera sous la forme d'un examen, d'une activité à compléter, d'une rédaction, d'un autre produit ou d'une somme de mesures qui sont mentionnés ci-devant.

Dans les documents de 2010b et 2010c des scénarios précis sont décrits correspondant respectivement aux quatre niveaux de cours (A, B, C, D) énumérant un nombre de cheminements à suivre liés aux habiletés à atteindre et de ce fait l'on offre beaucoup de souplesse.

Permettre les transitions entre les programmes

Les documents de 2010 recommandent de permettre la souplesse par le biais d'une pédagogie différenciée et en apportant le soutien nécessaire en réseaux, et l'on y trouve la description des rôles à assumer respectivement par l'élève, ses parents, ses enseignants, la direction de l'école et les partenaires communautaires. L'on offre un éventail de cours plus vaste en comparaison des choix plus restreints dans le passé, ce qui permet de prendre en considération les transitions ainsi qu'un passage à des cours de soutien scolaire, avec en plus la possibilité de suivre des demis cours, une option qui n'existait pas avant et qui permet aux nouveaux d'avoir plus de temps disponible pour vaquer à leurs autres besoins d'intégration.

L'on donne des exemples précis de comment planifier un programme de cours lié aux attentes, aux rubriques d'évaluation précises (voir un exemple de rubriques en appendice) et à la description des contenus à maîtriser. Ces programmes de transition ne sont valables que jusqu'au moment où le nouveau peut s'intégrer aux classes régulières. L'on décrit des processus, comme par exemple ce qui est attendu en communication orale, en montrant à la fois les aspects liés à l'interaction orale et ceux qui conviennent de façon précise dans le cas d'une présentation orale en classe. La nouvelle approche grammaticale est présentée avec une concentration sur les actes de parole et les textes.

Les indications données sur les bulletins de notes, incluent des mentions spéciales en ce qui concernent des mesures élaborées pour aider les apprenants en difficulté et les nouveaux afin de faciliter leurs parcours.

Sept principes directeurs sont mentionnés, l'on répète le succès pour tous, l'on ajoute la souplesse dans le travail pour les cours, le soutien avec des adaptations si nécessaires pour satisfaire des besoins spéciaux, le tout basé sur les meilleures pratiques, en donnant la responsabilité majeure pour l'alphabétisme et la numérisation aux enseignants qui doivent aussi tenir compte du style d'apprentissage individuel de chaque apprenant, de procurer le soutien communautaire afin de créer un climat favorable pour les élèves qui ont des besoins spéciaux et enfin de reconnaître que chaque apprenant est unique (2010a, p.46).

Rendre le curriculum plus facile d'accès

Les documents sont remplis de renseignements utiles concernant les accommodations à faire pour soutenir les nouveaux. On essaie de ne plus les distancier des programmes réguliers.

Le manque d'adéquation du niveau langagier n'est plus une raison de pénaliser les apprenants, et pour les nouveaux, l'on accorde le temps pour un développement étalé sur un nombre d'années et de fait, on en fait abstraction dans le contrôle des connaissances sur le contenu enseigné.

L'on rappelle aux enseignants et au reste du personnel que les demandes placées sur les nouveaux sont importantes et de prendre en considération ce fait, ainsi que de faire des exceptions si nécessaires par une approche différenciée dans l'articulation du curriculum. Il s'agit de mesurer les compétences de façon équilibrée et de couvrir (Ministère de l'Éducation, 2010c, p.37) les sujets suivants: les connaissances et la compréhension, les capacités de réflexion, la compétence en communication et de mise en pratique (application). Des grilles d'évaluation donnent le détail pour chaque rubrique (pages 38-39). L'intention sous-jacente à l'approche grammaticale est décrite en prenant comme point de départ le texte et le contexte, en montrant qu'elle correspond à une approche plus fonctionnelle qui est aussi plus axée sur le sens. L'on ajoute qu'elle est basée sur des résultats de recherche mais ce qui porte à confusion c'est qu'on fasse encore mention de structures grammaticales en désignant la phrase comme l'unité minimale plutôt que le paragraphe, et en insistant sur la fonction communicative. Comme ce qui est attendu de la part de l'enseignant est de donner des explications sur le tas aux apprenants, pour ne pas interrompre le flot communicatif, d'un côté les diverses perspectives adoptées dans les explications pourraient porter à confusion. Mais d'un autre côté, la recommandation de faire appel aux logiciels de traitement de texte, de même qu'à d'autres outils et ressources, est une agréable surprise car l'on responsabilise aussi l'apprenant par rapport à la qualité de langue utilisée dans les travaux scolaires.

Les tableaux qui accompagnent le texte contiennent des précisions sur les procédés sous quatre thèmes: les processus de communication orale dans les interactions, la communication orale pour les présentations, les processus de lecture, les processus d'écriture. Pour la communication orale on trouve trois catégories d'applications notamment le 'balayage', l'enseignement pour le détail et des applications subséquentes; pour la lecture on trouve le décodage du sens, l'analyse et l'expansion; dans le cas de l'écrit on trouve 'écrire' tout simplement, suivi de l'amélioration du texte et de l'expansion. Les enseignants sont mandatés d'adapter ces processus à la clientèle scolaire selon les niveaux des cours soit A, B, C et D. La souplesse se décline sous la forme de demi – cours pour permettre de choisir des sujets différents. Les niveaux de difficultés varient selon le niveau du cours. Les manuels scolaires servant de base incluent des genres très différents, allant de la littérature à la poésie et aux documentaires, aux textes techniques et administratifs, aux rapports journalistiques et aux rapports écrits (pages 26-31). L'ensemble des éléments présentés est beaucoup mieux ancré dans la vie réelle.

L'analyse des documents a montré les efforts fournis pour faciliter l'intégration des nouveaux. L'adoption d'une approche plus holistique pour le développement langagier, les objectifs modifiés pour la différenciation pédagogique et l'orientation pédagogique autour de l'insertion culturelle constituent les contributions les plus importantes.

Les enseignants auront un rôle à jouer dans l'insertion des nouveaux et dans les documents du Ministère se trouvent les détails sur les attentes pour l'amélioration des pratiques.

En ce qui concerne l'établissement de réseaux, une stratégie cruciale pour l'intégration culturelle, il faut peut-être faire une mise en garde. Le danger semble exister que pour les nouveaux, qui se plongent dans les médias car ils se sentent dépassés par leur nouvelle situation, de se retrancher dans leur coin et ne pas s'intégrer dans la société physiquement. Ceci pourrait ralentir leurs apprentissages plus spécialement en ce qui concerne leur internalisation des éléments culturels de la communauté. Ceci dit, il serait important que les enseignants dirigent les nouveaux vers des réseaux, similaires culturellement, afin de s'assurer qu'ils s'intègrent dans la culture locale. Dans des situations de ce genre le but visé est une « action conjuguée de la part de la famille, de l'école et de la communauté » comme cela est suggéré à bon escient dans les documents du Ministère.

En effet, si les nouveaux ne sont pas visibles dans la communauté, on ne peut pas leur donner des responsabilités et, de plus, ils ne sont même pas représentés. D'autres problèmes en découlent dans le sens qu'au Canada, il est entendu que les parents suivent de près le programme scolaire de leurs enfants, qu'ils doivent être en contact avec l'école et les enseignants de leurs enfants afin d'assurer que les contenus soient ajustés aux besoins d'apprentissage correspondant à leur enfant. Il est intéressant de savoir que nous avions déjà identifié des écoles (Myers, 2006) qui mettaient ces informations sur leur site Web, ainsi que des informations pour le soutien des nouveaux, l'aide aux devoirs et la mise en réseaux des parents ayant des enfants dans les mêmes classes. Les rôles des enseignants incluent le développement de tels réseaux et l'on trouve cette mention dans les documents récents du Ministère, ajoutant que les réseaux jouent un rôle capital.

La construction identitaire fait l'objet de beaucoup d'attention avec l'accent mis sur l'atmosphère dans la classe qui doit être maintenue dans le respect de la diversité et la variation dans l'usage de la langue. Les rôles cités pour les enseignants correspondent à « modèle de conduite, transmetteur de connaissances et médiateur culturel » (2010c, p.7). Dans les documents les plus récents, le fait de devoir augmenter la prise de conscience des enseignants apparaît comme proéminent. L'on donne plus de détails, insistant sur le fait de devoir se rendre compte que les nouveaux se fatiguent plus vite quand ils doivent travailler dans une autre langue, que les écoles doivent prendre conscience de la nécessité de créer des passerelles entre les programmes, que le passage de l'école primaire à l'école secondaire ne doit pas signifier qu'on arrête le support langagier. Le gain le plus important d'après les nouvelles directives est l'ouverture totale dans l'acceptation dans les programmes, le processus d'admission a donc été révisé dans le sens désiré (Myers, 2006). En effet, il n'est fait mention nulle part qu'un nouveau ne pouvait être accepté dans un programme en milieu de langue française. Il va sans dire que les rôles des enseignants, déployant des pratiques positives face à cette situation, et leurs efforts d'amener plus d'ouverture d'esprit dans les classes, seront déterminants dans l'intégration des nouveaux.

La construction identitaire se fera au niveau de l'école. Il est clair dans les textes officiels que cette responsabilité repose sur les enseignants et le personnel de l'école en général. L'on peut se poser la question relative à l'influence exercée par l'enseignant sur la limitation de la liberté des apprenants et des nouveaux en particulier. D'autre part, le document 2009a ne s'appesantit pas sur les aspects contextuels de la communication et de l'acculturation. Il convient certainement de passer tous les enseignants dans les écoles au crible fin pour déterminer lesquels ont besoin de mise à niveau et d'identifier ceux auxquels on peut confier la responsabilité des nouveaux. Il n'est pas sûr que tous aient reçu une formation égale. La recommandation de voir à un effort allant de concert entre tous les membres de la communauté semble impliquer que c'est de la communauté scolaire qu'il s'agit car l'école contrôle le niveau de langue, c'est-à-dire la variété scolaire locale, et cela dépend aussi des enseignants qui pourraient eux-mêmes en fait avoir un accent et une variété régionale de français et non le français éduqué standard. Il nous semble que les différentes variétés de langue, y compris les créoles, les accents, les traditions devraient avoir droit de cité car elles font partie des diverses identités francophones, et contribuent de la même manière à la richesse culturelle, doivent être prise en compte par les enseignants comme additives et ne pouvant être remplacées. Il est vrai que les documents du Ministère mentionnent une construction identitaire en devenir, mais tout en insistant sur le besoin d'une grande ouverture d'esprit, toutefois on ne dit rien de la manière dont cette nouvelle construction identitaire pourrait être canalisée et cela permet diverses interprétations. Le tissage du cumul des actions entre la famille, l'école et la communauté, en faveur d'un rassemblement des personnes est tout à fait louable mais comme nous l'avons mentionné plus haut l'école semble jouer le rôle prépondérant et de ce fait elle se voit attribuée tout le pouvoir, et qui plus est, ce pouvoir pourrait se trouver en fait entre les mains des enseignants concernés. Il nous semble que pour maintenir l'équilibre il serait bon de donner une partie de ces responsabilités à des organismes communautaires indépendants si possible, ou du moins en liaison avec le Ministère de l'Immigration.

La facilité d'adaptation à la diversité des contextes va faire de certains enseignants des personnes-clés pour l'accueil des nouveaux. Le fait que les programmes soient adaptables et présentent maintenant une facilité d'accès ne présente vraiment aucun avantage si les parents des nouveaux ne sont pas inclus dans la communauté scolaire et ne sont pas informés des divers possibilités auxquelles leurs enfants peuvent avoir accès. Les enseignants ont toute la responsabilité dans l'esquisse d'un programme sur mesure pour chaque nouveau et cela devrait se faire de concert avec les conseillers pédagogiques. Il a été mentionné que, pour diverses raisons, les nouveaux étaient dirigés vers la filière emploi plutôt que vers l'éducation supérieure, et l'on est en droit de voir des changements s'opérer pour corriger cette situation car très souvent cette décision fut prise non pas à cause du manque d'habiletés mais en fonction d'un niveau de langue jugé non-adéquat. Il est donc urgent de voir à ce que des mesures soient prises afin de permettre aux nouveaux qui sont doués de corriger leurs lacunes langagières très rapidement plutôt que d'être trop laxiste et d'accepter des productions langagières ne correspondant que plus ou moins aux normes, quand le besoin d'une production plus soignée devrait être exprimé. Cela ne devrait pas aller à l'encontre des nouvelles approches plus holistiques comme par exemple la nouvelle approche grammaticale qui, bien comprise, tout en permettant plus de souplesse dans les productions des étudiants, par là-même, requiert une attention accrue de la part des enseignants sur l'aide personnelle comme cela est bien précisé dans les documents officiels par l'expression « appuyer chaque apprenant ».

6.2. Retombées sur « la politique de succès pour tous »

Je dois personnellement jongler avec beaucoup de données et directives issues de discours contradictoires à travers mes rôles de chercheur, consultante pour le Ministère en vue de nouveaux développements de programmes et jouant aussi un rôle dans la formation d'enseignants. Il me faut en plus faire face à des conduites chez les étudiants en formation, allant souvent à l'encontre de ce que les personnes disent qu'elles font. Suite à cela je me suis de plus en plus intéressée à faire en sorte que tous mes étudiants bénéficient de la meilleure formation possible en développant leur potentiel individuel au maximum. Cela implique non seulement de leur permettre de se débrouiller en leur donnant des capacités et des stratégies dans le cadre de leurs planifications de leçons quotidiennes et de tout ce que cela implique, mais encore et surtout d'élargir leurs visions pour qu'ils soient à même d'enrichir et d'améliorer leur enseignement dans un avenir proche et aussi lointain.

Il va sans dire que les programmes de formation d'enseignants sont surveillés étroitement. Des directives officielles à la fois précises ainsi que d'autres plus générales doivent être prises en compte par qui a la responsabilité d'une programmation et du support de l'apprentissage tel que prescrit. Vu l'intentionnalité prescriptive des directives officielles qui doivent être vues comme obligatoires, il risque d'en résulter un conflit face à la liberté académique des professeurs des universités, qui se trouvent alors pris entre deux feux.

Ajoutant à cela la direction imprimée par le Corps des Enseignants et les recommandations du Bureau des Conférences Canadien qui dicte les mouvements à suivre pour le pays tout entier, les formateurs doivent jongler avec des directives venant de partout. Il va de soi que les politiques d'immigration ont également un impact sur l'éducation, et comme les nouvelles technologies sont inévitables, il n'est nullement surprenant que nous nous trouvions dans des situations de grands changements avec les conséquences qui s'imposent aux personnes, comme celles que nous avons citées ci-dessus.

Pour les futurs enseignants il est nécessaire non seulement de finir les cours avec succès mais aussi la composante « stage dans les écoles ». Cette dernière étape est très intéressante car elle leur permet de se faire les dents en situation, adoptant de nouveaux rôles, s'autoévaluant sur les compétences dans la classe et bénéficiant des commentaires et des suivis des enseignants qui les encadrent sur le terrain.

La phase essentielle de ce développement est celle qui se rapporte à la qualité de l'intégration et de l'internalisation de toutes les facettes de la transformation attendue quand ils se trouvent eux-mêmes confrontés à leurs propres élèves pendant leurs stages. Toutefois lors de rencontres de consultations avec les représentants du Ministère en 2012, (« the Ministries of Education and Training, Colleges and Universities' Consultations on Ontario's Enhanced Teacher Education Program ») un contenu obligatoire pour les programmes de base fut transmis. La première composante en a été 'Current Ontario curriculum guidelines- content and application' une brochure faisant référence au curriculum de l'Ontario incluant l'approche pédagogique, les manières d'instruire et les contenus. Il y a en effet des consignes strictes avec lesquelles le personnel enseignant doit se familiariser. L'on y ajoute la responsabilité de se mettre aussi au courant des « *tendances nouvelles en éducation* ». Cela veut dire aujourd'hui de s'informer sur les questions de santé mentale, de savoir comment préparer les apprenants aux transitions qui aujourd'hui ne signifient pas seulement du secondaire à l'universitaire, mais également le passage dans le monde du travail. Cela inclut d'autre part savoir utiliser la technologie de pointe dans son enseignement, inclure des modules sur les études environnementales, les medias et l'alphabétisation financière. Les autres compétences visées comprennent le fait de lier « *les connaissances courantes sur l'enseignement, sur les capacités des apprenants et les stratégies d'apprentissage* » car les apprenants doivent bien les connaître. On ajoute à cela, le besoin qu'ont les étudiants gradués, c'est-à-dire les enseignants en formation, de démontrer des capacités additionnelles et on en fait la liste: ils doivent posséder des aptitudes à la recherche et être à même de faire des analyses de données afin d'augmenter leur capacité de réflexion, d'être à même de mener des recherches d'action sur le terrain, de faire des collectes de données et de faire des évaluations afin de mieux pouvoir répondre aux besoins d'apprentissage de leurs élèves. Ils doivent aussi savoir articuler les standards de la pratique professionnelle pour l'enseignement, avoir assez d'expérience afin de pouvoir transposer en action les connaissances acquises sur les théories d'apprentissage et d'enseignement. Une autre section du document s'intitule « la responsabilisation de l'apprenant et l'apprentissage- le développement humain et l'apprentissage » (notre traduction de *student engagement and learning-human development and learning*'). Il va sans dire que ces futurs enseignants doivent en plus savoir gérer les groupes et savoir organiser des activités ainsi que d'être experts en développement de la personne et de l'enfance.

Dans le contexte de situation officiel bilingue pourquoi est-il si difficile de former des bilingues qui utilisent bien le français? Le problème est-il d'ordre scolaire et si c'est le cas on peut se demander alors si les barrières à franchir sont réelles ou imaginaires (Damen, 1987) et tenant de préjugés, d'attitudes négatives, du manque d'intérêt à apprendre une langue, ou d'efforts insuffisants. Ces questions confortent aussi dans l'insistance d'implanter une approche d'enseignement de la culture. Ceci peut prendre la forme de cheminements variés comme par exemple en suivant les conseils méthodologiques de Gee (2000). Il recommande de rechercher des textes qui correspondent aux intérêts des apprenants. Il faut ensuite choisir ses outils d'exploration selon les quatre critères suivants par :

1. une convergence qui peut être identifiée par des réponses compatibles et convaincantes,
2. une 'intentionnalité conjointe' dans les réponses,
3. une correspondance plus ou moins étroite entre les affirmations et les situations,
4. les détails linguistiques correspondant nécessaires.

Les experts recommandent des exercices à partir des critères issus

- de la sémiotique : l'observation des signes permet de tirer des conclusions même si intermédiaires, sur ce qui dans la culture, les senti-

ments, valeurs, croyances etc. du groupe culturel est à la base de leur conduite, et de leurs savoir-être et savoir-faire.
- d'éléments lexicaux: ils permettent de voir comment les modèles culturels sont choisis et exprimés en jugeant les autres et en se jugeant soi-même.

On met en garde sur la manière de préparer les activités pour éviter les conflits et on suggère de se poser la question relative aux modèles culturels qu'on présente.

On recommande de bien examiner les identités situées dans la construction socio-culturelle et dans la transmission du patrimoine culturel afin d'éviter qu'elles n'étouffent pas d'autres qui pourraient être mises de côté, soit par des préjugés ou en les rendant muettes par suite d'une répression. D'autres prises en compte sont nécessaires, notamment des politiques éducatives, de l'influence des médias, de celle des expériences, des communautés et des interactions entre les établissement scolaires et des interactions des textes politisés qui ne sont pas neutres. Il faut aussi surveiller la manière dont l'établissement de liens se fait et se poser la question à voir quels éléments discursifs sont utilisés pour transformer, reproduire ou créer de tels modèles culturels. Favorisent-ils des liens socio-culturels, institutionnels et, ou, politiques ?

Chapitre 7.

Conséquences pour les pratiques

L'enseignant a la responsabilité de faciliter les apprentissages. L'on sait que la L2 supporte l'apprentissage de la L1. Avoir des connaissances dans une autre culture permet aussi de comprendre des manières de vivre différentes, des manières d'être et de faire, également renforcées par la langue ainsi qu'exprimées à travers la langue. Sur le plan humain, l'on sait aussi que cela permet d'acquérir une plus grande tolérance et une ouverture aux autres dont on a grandement besoin aujourd'hui étant donné tous les conflits actuels.

Les objectifs visés par les enseignants sont de suivre l'approche communicative mais du genre communicatif interactionnel et actionnel. La réflexion sur les formes de langue et d'usage est maintenant surpassée par les objectifs culturels.

On insiste beaucoup sur des approches psychologiques en s'orientant vers un sujet d'apprentissage par des anticipations dans un cadre pré-organisateur. De cette manière les apprenants peuvent voir où des portions de données à l'entrée s'agencent par rapport au cadre et comment c'est compris en relation avec ce qu'ils savent déjà (Ausubel). Le principe d'Ausubel repose sur la notion que le déterminant majeur d'un apprentissage est basé sur l'établissement d'un lien avec ce que l'apprenant sait déjà sur le sujet examiné. Il s'agit donc selon lui d'attirer l'intérêt sur une représentation visuelle ou un exemple qui dirige l'attention de l'apprenant vers un apprentissage ou une expérience préalables, de préférence réel et assez significatif pour être mémorable et diriger en même temps l'attention vers du matériel d'apprentissage nouveau.

Selon d'autres chercheurs il est aussi question de similarités entre ces pré-organisateurs et la recherche émergente sur les concepts–seuils.

Le soutien de l'apprentissage et la zone de développement proximal (Vygotsky) entrent dans la même catégorie de schémas organisateurs pour faciliter l'apprentissage.

Bruner recommande un autre modèle qui se rapproche de l'idée de prévoir un cadre supportant l'apprentissage. Partant de la manière dont on aide les jeunes enfants à apprendre, il semble logique que cela soit appliqué quand on essaie d'inculquer des contenus nouveaux ou de nouvelles compétences. L'enseignant met en place le cadre de structure extérieur à partir duquel l'apprenant peut inscrire ses propres « construits ». Ceci inclut susciter l'intérêt des apprenants, faire des démonstrations, progresser du simple au complexe, encourager l'entraînement, donner de la rétroaction et ainsi de suite. À mesure que l'apprenant avance et que les compétences le permettent, l'apprenant peut ne plus dépendre de ces supports initiaux. Le rôle de l'enseignant est crucial car c'est selon son jugement que le soutien apporté dépendra, mais, de plus, la complexité de la tâche sera déterminée en fonction de cela et constitue une étape-clé car autrement si c'est trop facile, l'on n'apprend rien et l'on risque de s'ennuyer, mais si c'est trop difficile, l'on se décourage et l'on est sûr d'échouer.

Il est évident que quand on parle de différenciation pédagogique il y a lieu de déterminer ce que les apprenants respectifs peuvent faire tout seuls, avec de l'aide, avec un soutien physique en cas d'habileté réduite etc.

Vu la centration sur les capacités individuelles les questions que pose Littlewood relatives aux habiletés pré-communicative et quasi communicative sont à revoir. L'accent étant mis sur la communication sans attacher trop d'importance à la grammaire, il s'agit d'examiner les aspects qui y sont liés plutôt que de parler d'apprendre des compétences et d'utiliser ces compétences dans un sens notionnel-fonctionnel. Ce sera le contexte communicatif qui dictera à quelles formes langagières faire appel. L'on n'a pas résolu la question relative au vrai débutant quand il s'agit d'une approche actionnelle. Si l'on s'est référé à des documents authentiques dans l'approche communicative jusqu'à présent, il était essentiellement question d'activités de repérage et de mise en conscience au niveau de la compréhension mais on ne poussait pas l'action de communiquer avec la même force. Il semblerait bénéfique de procurer des dialogues authentiques et de les faire pratiquer en groupes avec des variantes, impliquant des changements de structures et stylistiques, ce qui pourrait progressivement amener une autonomie communicative. Il est vrai qu'on pourrait aussi progresser avec des bribes d'éléments langagiers non liés à des contextes discursifs, mais alors la question est de savoir comment veiller à l'intégration d'un contexte grammatical plus difficile sans totalement défaire et reconstruire les petits blocs de langue et les corriger, cela risquerait de ne pas représenter une économie de moyens.

Dans le contexte scolaire on recommande de faire appel à des textes écrits comme supports pour la langue orale et comme base pour la communication. L'on prend en compte trois aspects qu'il y a lieu d'exercer :

L'interaction : comme si c'était avec une personne mais sans qu'il y ait d'interlocuteur, sans réponse verbale, ni gestes ou mouvement corporel, ni la possibilité de voir la réaction immédiate de l'interlocuteur. Dans ce cas il faut s'imaginer la réaction différée et aussi la réaction d'un public visé. Widdowson (1984) parle de négociation et d'expansion de la part de l'auteur du texte examiné mais dit qu'il est question de réduction de la part du lecteur. Cette personne extrait du contenu conceptuel basé sur son propre niveau de connaissances, selon le contenu qu'elle recherche et ce à quoi elle s'attend d'une manière typique. L'on ferait donc d'abord attention au titre et aux illustrations et à la division de texte. L'on procéderait à une lecture rapide, un survol, un repérage, afin de vérifier que les hypothèses faites à partir du titre correspondent au contenu. Ensuite on fait une lecture détaillée pour découvrir comment les différents concepts sont articulés dans le texte, on procède à une synthèse de sorte à ce qu'on se rappelle les éléments importants utilisés pour soit convaincre le lecteur ou garder son attention, faire appréhender les sens les moins évidents en faisant appel aux indices contextuels, établir les liens avec d'autres mots ou sa première langue; par exemple dans le cas d'un article de journal on analyse le texte pour voir ce que le journaliste fait pour créer des effets.

L'on met l'accent d'autre part sur le fait qu'il n'est pas nécessaire de tout comprendre. L'enseignant peut, par exemple, donner une grille de lecture à compléter comme devoir pour aider à mettre les apprenants sur la piste. Si par contre on choisit d'exploiter un texte en classe, on le fera en groupes et il y aura de l'entraide ainsi que la possibilité de faire appel à l'enseignant pour obtenir plus de clarifications si nécessaire (p.53).

Une prise de position critique s'ensuivra suite à une analyse plus analytique; on examinera par exemple ce qui est dit sur le sujet donné versus ce qu'on omet de dire; on parlera des avantages et des inconvénients; on partagera les manières d'exprimer l'accord ou le désaccord, le soutien pour tel ou tel aspect, la préférence personnelle et la position adoptée sur les questions examinées (p.55). La communication est donc à considérer sous ses deux formes, à la fois orale et écrite, en notant que la forme épistolaire correspond bien à la communication écrite personnelle.

7.1. Les centres d'activités

Ce qu'on a négligé de préciser c'est comment tenir compte de toute la complexité inhérente aux démarches préconisées et voir en même temps au bon déroulement des classes tout en satisfaisant les critères prescrits au niveau de la programmation et des objectifs à atteindre. Il semblerait que la seule application satisfaisante soit de faire appel à un enseignement autour de centres d'activités, ce que l'on recommande de plus en plus, car cela permettrait de tenir compte de toute cette complexité. Pour s'assurer de la bonne marche des centres dans la direction voulue il faut toujours présenter et modéliser un centre avant d'y engager les élèves. Afin de permettre de voir le fonctionnement inhérent à ce concept, il nous a semblé bon d'en présenter les détails. La démarche pédagogique impliquée n'est pas nouvelle mais il s'y ajoute de nouvelles considérations. J'ai fait appel aux centres d'activités tout au long de mon enseignement en langue seconde pour responsabiliser les apprenants, accroître la participation active, faciliter la gestion de classe et permettre le développement individuel, et en groupes, des quatre habiletés langagières dans des contextes plus personnalisés. Le site Web du Ministère d'Éducation de l'Alberta (Alberta Education, 2008) (www.learnalberta.ca) donne une assez bonne description de quoi il retourne dans l'application de tels centres d'activités. J'ai trouvé utile d'en rapporter les directives.

Il s'agit d'expliquer et de modéliser, devant les élèves, les actions et les comportements attendus dans les centres ainsi que les activités proposées dans les centres. Ceci permettra de familiariser les élèves avec la tâche à effectuer et de mieux comprendre comment la réaliser.

Il faut profiter des situations de lecture et d'écriture partagées ainsi que des périodes de lecture aux élèves ou même des séances d'écriture modelée pour réaliser devant les élèves, les activités que vous comptez placer dans les centres ultérieurement.

Pour favoriser l'autonomie des élèves il faut les encadrer adéquatement. Pour assurer la réussite des élèves lorsqu'ils travaillent en centres d'alphabétisme, il faut leur fournir un encadrement organisationnel et procédural adéquat et surtout s'assurer qu'ils présentent et modélisent tous les aspects relatifs au travail efficace en centres. Les directives précises suivent :

- Fournissez aux élèves une feuille de route pour chaque centre, afin de les aider à s'organiser de façon autonome.
- Expliquez la routine de fonctionnement pour la période de centres d'alphabétisme aux élèves et révisez cette routine avec eux avant chaque période de centres.
- Assurez-vous que les élèves savent ce qu'ils ont à faire lorsqu'ils ont terminé leur centre. La flèche de gestion du temps (outil disponible sur la page d'accueil) est une bonne façon pour les élèves de s'organiser de façon autonome pendant la période de centres.
- Mettez en place un système de rangement pour les activités réalisées en centres d'alphabétisme.
- Fournissez aux élèves des exemples des travaux que vous leur proposez dans les centres.
- Suscitez l'engagement et la motivation des élèves : proposez-leur des tâches signifiantes, offrez-leur des choix et encouragez les interactions
- Expliquez aux élèves les objectifs des activités proposées. Mettez à leur disposition une variété de livres de genres et de styles littéraires diversifiés.
- Offrez des choix aux élèves en leur permettant, par exemple, de sélectionner les tâches qu'ils désirent entreprendre et l'ordre dans lequel ils souhaitent les réaliser. Dans certains cas, ils peuvent aussi décider s'ils désirent travailler individuellement ou à deux.
- Proposez une part d'activités favorisant le travail collaboratif. Ceci encourage les élèves à verbaliser, reformuler et remettre en question leurs idées et à comparer leurs façons d'apprendre.

- Optez pour des activités faciles à gérer et polyvalentes.
- Simplifiez-vous la vie en optant pour des activités nécessitant peu d'entretien, de sorte que vous n'ayez pas besoin de les renouveler en entier chaque semaine. Ces activités, tout en conservant la même trame de fond, peuvent être adaptées pour remplir diverses fonctions et être utilisées pour différents apprentissages.
- Accordez une période d'appropriation aux élèves.
- Établissez des routines avec les élèves permettant de développer de bonnes habitudes de travail.
- Au début, proposez des activités simples de sorte que les élèves puissent se concentrer davantage sur la pratique des routines que sur les tâches elles-mêmes.
- Au début, restez disponible pendant les centres pour observer les élèves et fournir de l'appui en cas de difficulté.
- Offrez des rétroactions au groupe classe ou individuellement après les périodes de centres et établissez avec les élèves un ou plusieurs objectifs pour la prochaine période.
- Finalement, révisez les routines régulièrement et faites preuve de patience et de persévérance pendant les premières semaines. Vous en récolterez les bénéfices sous peu.
- Répondre aux besoins de tous les élèves en matière d'apprentissage.

Tous les enseignants peuvent accroître les chances de réussite des élèves en s'assurant que l'enseignement et les ressources répondent aux différents besoins et habiletés des élèves. Plusieurs activités contenues dans les défis d'analyse critique mentionnés dans le guide en ligne sont des activités ouvertes et souples; on peut ainsi les adapter pour répondre aux différents besoins des élèves. Voici les trois principes à suivre pour répondre aux différents besoins en matière d'apprentissage :

- présenter les idées associées aux principaux résultats d'apprentissage dans différents médias, p. ex., visuels, verbaux, électroniques, papier;
- utiliser différentes méthodes qui correspondent aux préférences et aux intérêts des élèves, ainsi qu'à leur niveau de compétence, p. ex., utilisation de techniques multi-sensorielles, options pour accomplir les activités, choix du sujet;

- offrir la possibilité aux élèves d'appliquer les connaissances acquises à l'aide de différents moyens d'expression, p. ex., arbre conceptuel, présentation informatique, jeu de rôles, poème, recette.

La liste suivante propose d'autres moyens précis pour s'assurer que l'enseignement et les ressources répondent aux différents besoins des élèves. L'on cite que l'on peut y parvenir en modifiant la complexité des ressources, le volume, et la cadence par rapport auxquels les élèves traitent l'information ou créent des produits.

L'on voit bien que de telles démarches permettent d'appliquer le principe de la différenciation pédagogique. Toujours est-il que cela ne peut se faire que si les apprenants ont bénéficié d'une préparation préalable.

7.2. Échantillon de stratégies pour le développement langagier

Afin d'apporter un complément d'information, toute une série de stratégies est préconisée, par rapport à la complexité, au volume et à la cadence. Nous les énumérons ci-dessous :

Visant la Complexité
- Enseignez tout d'abord les termes clés.
- Fournissez des représentations différentes des concepts essentiels, p. ex., matériel pratique/concret, reconstitution, modèles.
- Fournissez des supports visuels, comme des vidéos, des images, du texte surligné, des photocopies de mots-clés ou de notes. Lisez le texte à voix haute, p. ex., jumelez des élèves, allouez du temps en classe à la lecture à voix haute, utilisez des logiciels de numérisation et de lecture. Utilisez des graphiques pour aider les élèves à illustrer leur cheminement.
- Offrez des échantillons de produits terminés, pour que les élèves planifient en tenant compte du résultat.
- Codez, par couleur, le matériel à distribuer et les textes pour simplifier leur classement et/ou pour attirer l'attention sur différents objectifs, ou utilisez des papillons adhésifs pour marquer des sections importantes du texte.

- Fournissez des ensembles de textes, p. ex., différents textes parallèles sur le même sujet de divers niveaux de lecture pour que les élèves de différents niveaux puissent les lire.
- Enseignez de nouvelles habiletés à l'aide d'un processus de soutien à l'apprentissage, p. ex., démonstration/modèle de l'enseignant alors que ce dernier pense à voix haute, pratique guidée où les élèves et l'enseignant effectuent des exemples ensemble, application individuelle des élèves avec l'appui de l'enseignant.
- Utilisez des instructions simples, p. ex., effectuez une étape à la fois, puis effectuez une clarification et une vérification.

Visant le Volume
- Séparez le texte et les tâches en composantes plus petites et plus faciles à gérer.
- Divisez les activités longues en activités plus brèves, fixez des dates d'échéance claires et offrez fréquemment des commentaires.
- Utilisez les structures de conversation, comme « Réfléchir-Jumeler-Partager » ou « Discussion avec un partenaire » pour traiter l'information avant de l'inscrire.
- Fournissez des listes de vérification pour aider les élèves à gérer les tâches ayant des étapes multiples ou affichez les exigences relatives aux activités quotidiennes.
- Utilisez des graphiques pour recueillir et classer l'information.
- Offrez aux élèves la possibilité d'appliquer leurs connaissances de différentes façons, p. ex présentations visuelles, les prestations, les exposés oraux.
- Présentez visuellement l'information à l'aide de schémas, par exemple, utilisez des images et des mots-clés pour représenter le sujet principal et ses catégories et sous-catégories, ou un schéma conceptuel, comme un schéma de mots hiérarchique qui montre les liens entre les idées principales et le concept spécifique.
- Limitez la durée de la leçon enseignée, p. ex., primaire, 5 à 7 minutes; intermédiaire, 7 à 12 minutes; secondaire, 12 à 15 minutes.
- Minimisez les exigences relatives à l'écriture et à la lecture.

Visant la Cadence
- Fournissez des photocopies de notes, des documents, des sommaires.

- Encouragez l'utilisation des logiciels de traitement de texte, de claviers d'ordinateurs portatifs ou des logiciels de reconnaissance vocale pour faire les devoirs et prendre des notes.
- Permettre de prendre du temps supplémentaire pour effectuer la lecture ou les activités.
- Encouragez les élèves à lire le matériel avant la leçon à l'école ou à la maison.

Cela va sans dire que l'on surmultiplie les efforts dans le but de s'assurer que rien n'est omis dans les démarches.

7.3. L'approche communicative

Il serait plutôt question d'une approche interactionnelle et communicative actionnelle car on suit le *Cadre Européen Commun de Référence pour les Langues* (CECR) qui préconise une « perspective actionnelle » qui considère sur un pied d'égalité apprenants et usagers de la langue comme des « acteurs sociaux ». Il s'agit de faire ressortir les implications pratiques de cette approche pour la classe de langue étrangère et montrer notamment ce qui fait la différence avec le communicatif. Après l'approche communicative des années 80, nous sommes maintenant, depuis le milieu des années 90, dans une nouvelle approche pédagogique appelée « approche actionnelle ». Celle-ci propose de mettre l'accent sur les tâches à réaliser à l'intérieur d'un projet global. L'action doit susciter l'interaction qui stimule le développement des compétences réceptives et interactives. La perspective privilégiée est de type actionnel en ce qu'elle considère avant tout l'usager et l'apprenant d'une langue comme des acteurs sociaux ayant à accomplir des tâches (qui ne sont pas seulement langagières) dans des circonstances et un environnement donnés, à l'intérieur d'un domaine d'action particulier.

Si les actes de parole se réalisent dans des activités langagières, celles-ci s'inscrivent elles-mêmes à l'intérieur d'actions en contexte social qui seules leur donnent leur pleine signification. Il y a « tâche » dans la mesure où l'action est le fait d'un (ou de plusieurs) sujet(s) qui y mobilise(nt) stratégiquement les compétences dont il(s) dispose(nt) en vue de parvenir à un résultat déterminé. La perspective actionnelle prend donc aussi en compte les ressources cognitives, affectives, volitives et l'ensemble des capacités que possède et met en œuvre l'acteur social.

L'usage d'une langue, y compris son apprentissage, comprend les actions accomplies par des gens qui, comme individus et comme acteurs sociaux, développent un ensemble de compétences générales et, notamment une compétence à communiquer langagièrement. Ils mettent en œuvre les compétences dont ils disposent dans des contextes et des conditions variés et en se pliant à différentes contraintes afin de réaliser des activités langagières permettant de traiter (en réception et en production) des textes portant sur des thèmes à l'intérieur de domaines particuliers, en mobilisant les stratégies qui paraissent le mieux convenir à l'accomplissement des tâches à effectuer. Le contrôle de ces activités par les interlocuteurs conduit au renforcement ou à la modification des compétences.

Si la description précédente correspond à ce qui se fait ailleurs et est donc un emprunt, il faut toutefois souligner que les textes privilégiés seront d'ordre culturel et en ceci vont correspondre à l'approche culturelle préconisée.

La tâche correspond à toute visée actionnelle que l'acteur se représente comme devant parvenir à un résultat donné en fonction d'un problème à résoudre, d'une obligation à remplir, d'un but qu'on s'est fixé. Il peut s'agir tout aussi bien, suivant cette définition, de déplacer une armoire, d'écrire un livre, d'emporter la décision dans la négociation d'un contrat, de faire une partie de cartes, de commander un repas dans un restaurant, de traduire un texte en langue étrangère ou de préparer en groupe un journal de classe.

Les compétences générales individuelles du sujet apprenant ou communiquant reposent notamment sur les savoirs, savoir-faire et savoir-être qu'il possède, ainsi que sur ses savoir-apprendre.

Dans le contexte de l'évaluation on adopte également les démarches prônées dans le CECR pour les langues.

Chapitre 8.

Les enseignants face aux nouvelles exigences

Il s'agit d'examiner tout d'abord les raffinements théoriques sous-jacents aux applications pratiques.

Selon leurs habitudes les apprenants vont réagir différemment à l'approche communicative actionnelle, au travail en grand groupes et en petits groupes, à l'approche de découverte, au développement de l'autonomie, au travail autodirigé.

Toutes ces questions sont importantes et ont des répercussions.

8.1. Conséquences pour la différenciation pédagogique.

La question primordiale qui se pose est de savoir sur quelles théories se baser car il y en a de multiples.

En ce qui concerne les styles d'apprentissage, il est utile de voir comment Entwistle (1981) compare les styles d'apprentissage et d'enseignement. Dans sa revue critique de nombreux écrits, il trouve une division entre les apprenant par rapport au recul qu'ils ont sur le programme : ceux qui y sont collés et ceux qui prennent des libertés –et cela revient aussi à la question d'examen sur le contenu plutôt que sur les habiletés. Il cite Main (1980) qui pense que les premiers lisent tout ce qui est donné mais pas au-delà, vont au cours, et peuvent avoir d'excellentes habitudes de travail. Les deuxièmes par contre fonctionnent mieux quand ils peuvent poursuivre leurs propres directions, se trouvant souvent retenus et comme paralysés par des demandes précises. La question ici est de savoir si les enseignants vont aimer ceux qui préfèrent faire à leur tête.

Puis, il montre comment Miller et Parker (1974) distinguent entre ceux qui viennent demander plein de détails au sujet des différentes composantes du cours, des chercheurs d'indices, peut-être des incertains, et ceux qui sont à même de repérer les détails eux-mêmes à partir d'indications données sur l'organisation du cours et tout le reste, ceux qui retiennent les indices et entre ceux qui sont totalement dans la lune, qui ne repèrent rien. La question est de savoir si les enseignants préfèrent ceux qui viennent vous poser des questions. Il est évident que ceux qui connaissent le plus de détails possibles peuvent mieux réussir, mais on le voit ci-devant, il n'est pas nécessaire pour cela d'être celui ou celle qui pose le plus de questions.

La troisième prise en considération correspond à la profondeur de l'entendement, donc de la compréhension, et Entwistle se penche sur les travaux de Ference Marton *et al* qui distinguent entre la 'procéduralisation' profonde qui consiste en une compréhension de l'ensemble à partir des arguments de base versus la 'procéduralisation' à la surface, c'est-à-dire en mettant l'accent sur l'apprentissage par cœur, en essayant de se rappeler les mots, le détail. Cela dépend évidemment de combien on pénètre dans le texte, soit passivement soit activement (par actif et approfondi on entend se connecter à l'expérience personnelle) si l'on veut atteindre 100% de compréhension. L'apprenant au style 'actif en surface' doit faire beaucoup de travail mais du travail de mémoire des noms et des informations. Quant à l'apprenant au style 'passif approfondi', il retient les idées principales mais de manière impartiale et informelle en cherchant l'intention de l'ensemble. L'apprenant au style 'passif de surface' va par contre procéder à une lecture rapide désintéressée sans rechercher l'intention du message de l'auteur.

Entwistle mentionne une quatrième recherche, notamment celle de Pask et Scott (1972) qui distinguent entre les sérialisés, qui avancent pas à pas, prenant en considération un élément après l'autre et les holistes qui partent de l'idée générale, testée contre l'expérience et restructurent si nécessaire. Il conclut que les deux approches marchent mais des précautions sont à prendre car il s'agit de ne pas généraliser trop vite car le sérialisé peut ne pas voir comment les éléments tiennent ensemble.

Nous sommes d'accord pour dire que les caractéristiques des apprenants sont importantes. Le tout dépend des connaissances préalables, des capacités intellectuelles, des types de motivation et de leur niveau, de leurs intérêts, de leur niveau d'anxiété, de leur style d'apprentissage préféré, de leurs attentes par rapport à ce qu'on cherche à apprendre et par rapport à ce qui est au programme.

En fait les apprenants devraient savoir passer d'un style à l'autre, il faut qu'ils soient versatiles.

Entwistle (pages 67-71) nous fait part d'autres considérations ayant un rapport avec les travaux de Heath (1964) qui a découvert trois types d'apprenants par sa recherche, notamment,

- Les résistants qui trouvaient toutes sortes d'excuses pour ne pas prendre part et ils ont échoué, mais ils auraient réussi autrement.
- Les compétitifs, engagés dans une bataille, qui étaient prêts à ne s'arrêter devient rien.
- Les plongeurs avec des sautes d'humeur extrêmes avec à la fois des niveaux correspondants de motivation et de réussite extrêmes.

En dépit de ces personnalités observées ci-dessus tous ces étudiants ont changés au cours de leurs études.

Heath note qu'ils se sont développés en 'aventuriers raisonnables' avec une attitude face à la résolution de problèmes comprenant deux stades: soit le premier démontrant une participation intellectuelle et des sentiments d'exaltation et le suivant qui correspond à une prise de recul des contenus pour vraiment évaluer ce qu'il en est.

8.2. Les stratégies d'apprentissage

Entwistle en mentionne de nombreuses mais le plus important c'est qu'il faut que la personne choisisse la bonne en fonction de la tâche à compléter.
Donc une prise de conscience du processus est nécessaire.

Il faudrait se poser les questions suivantes : quel type d'apprentissage faut-il utiliser dans la situation précise, par exemple faire appel à la conjugaison ou adapter au contexte en devinant et en prenant des risques? Quelle est la manière la plus efficace et la plus économique (par rapport au temps impliqué) pour apprendre le matériel? Par exemple comment s'y prendre pour apprendre par cœur, peut-être à l'aide de moyens mnémotechniques comme pour les conjonctions de coordination: Mais ou et donc or ni car? Faut-il avoir recours à une représentation visuelle des actions, comme par exemple, la maison autour de laquelle on peut grouper les sens de tous les verbes de mouvement qui sont conjugués avec le verbe 'être' au passé composé ?

Évidemment il faut prévoir une variété d'expériences pour faire utiliser le plus grand nombre de stratégies par les étudiants et aussi les encourager à utiliser de nouvelles stratégies, pas forcément celles dont ils ont l'habitude.

La diversification des techniques ne peut avoir qu'un effet positif si toutefois la technique adéquate est choisie pour répondre aux besoins précis identifiés.

L'on avait mentionné Littlewood, tenant de la formule « apprentissage de techniques et utilisation des techniques » (notre traduction de 'skill getting and skill using') et nous nous posons la question du déploiement efficace de ce modèle. Il n'est pas question de pratique ou d'entraînement avant l'utilisation en contexte. L'on semble présupposer le passage direct d'une connaissance des techniques à leur utilisation. Il serait utile de préciser que la phase d'utilisation ne se fait pas directement dans la vie réelle, si telle est l'idée sous-jacente, mais il se pourrait évidemment que l'usage dans un contexte authentique dans la vie réelle n'était pas l'objectif visé mais qu'on se limitait à la pratique en classe. Il faut nécessairement prévoir d'abord l'utilisation des éléments langagiers dans des activités de simulation. Dans le cas des enseignants en formation il conviendrait de prévoir des mini-leçons et du micro-enseignement.

Il est aussi essentiel d'apprendre à prendre des notes, même si on ne les relit pas, car en prenant des notes on essaie de réorganiser les idées.

Carty et White (1996) insistent sur l'importance de la réflexion sur le processus, de la nécessité de comprendre l'organisation du matériel à apprendre et sur la façon de donner la priorité à tel ou tel objet d'apprentissage.

La question qui se pose toujours est relative à la langue véhiculaire à utiliser et comment développer l'autonomie des nouveaux aussi vite que possible. L'enseignement de stratégies est utile mais elle est controversée, il vaut mieux les apprendre sur le tas car le fait de les enseigner ne se traduit pas directement en leur utilisation en contexte. D'autre part, chacun peut avoir accès à son propre dictionnaire et sa propre grammaire, en y faisant figurer ce qui a été appris.

La conséquence de cette idée de différenciation fut le design universel pour les leçons. Cela doit consister en leçons pour tous sans aucune barrière car toutes les habiletés différentes doivent être accommodées. Nous ne pouvons pas ici développer en détail les modifications dues à la nouvelle définition du handicap par l'Organisation Mondiale pour la Santé mais les détails sont accessibles sur le site WHO.

Toutefois des méthodes et des pratiques souvent utilisées présentent de nombreux avantages pour la différenciation pédagogique.

Nous avons déjà présenté les centres d'activités mais il est aussi question de faire des leçons en sessions plénières. Dans ce cas l'on recommande de faire appel à des pré-organisateurs, des organisateurs graphiques, la démonstration avec un modèle, l'expression de la pensée par des paroles (notre traduction de 'think-aloud'), à l'enseignement de stratégies d'exploitation de l'apprentissage dans le contexte précis, de stratégies faisant appel à des manipulations multi-sensorielles, de l'apprentissage coopératif, des stratégies d'auto-vérification, des répétiteurs ou des pairs susceptibles d'apporter le soutien nécessaire soit en binômes ou en groupes plus grands, ainsi que de faire appel à des indices et des systèmes de mise en route.

Ces diverses manières de faire sont indispensables vu le large éventail des origines des nouveaux. Si, de plus, les nouveaux-arrivants n'ont maîtrisé ni le français, ni l'anglais, il serait de bon aloi de trouver des façons innovatrices pour l'enseignement d'au moins une des langues officielles.

8.3. Impact sur les pratiques

Il pourrait apparaître que l'ensemble des mécanismes mis en route vise trop et trop vite, ce qui pourrait mettre un frein à la participation de certaines personnes y compris parmi les nouveaux. Les personnes ne peuvent œuvrer efficacement qu'à leur propre rythme et en vue de leurs besoins particuliers. Les enseignants pourraient aussi se sentir trop bousculés par les nouvelles mesures, dans le sens qu'ils ont déjà fort à faire pour maintenir les niveaux de rendements exigés dans leurs classes et si les directives supplémentaires ne sont pas explicitées assez clairement, pour qu'elles soient facilement intériorisées pour être déployées dans les pratiques. Il faut noter que les recommandations faites par le Ministère incluent une réduction de la charge de travail, pour permettre aux enseignants concernés de passer plus de temps à se consacrer sur des planifications sur mesure pour accommoder les nouveaux. Dans le climat actuel de contraintes financières l'on peut se poser la question de savoir si cela est vraiment possible dans tous les cas. Toujours est-il qu'on réduit quelque peu la pression car l'on autorise les écoles de ne pas soumettre les nouveaux aux tests provinciaux de mesure des rendements scolaires et ainsi, ceux qui travaillent avec les nouveaux ne se trouvent pas pénalisés par des résultats qui pourraient n'être qu'indicatifs d'un niveau de langue encore non standard ou d'un niveau d'acculturation encore inadéquat. On donne en effet le temps aux nouveaux de se préparer avant d'être soumis à ces tests. Le fait que des programmes transitionnels aient été instaurés, permet de plus aux enseignants concernés de prendre un peu de recul, car ils ne pourront être rendus responsables des rendements dans ces cours. Ces mesures ont sans doute contribué en large part à une grande amélioration dans l'accueil des nouveaux grâce à de meilleures pratiques.

Le feedback reçu de la part des groupes de nouveaux devrait faire l'objet de réévaluations constantes afin de mesurer l'efficacité à long terme des changements appotés et pour voir plus particulièrement comment les pratiques des enseignants facilitent la vie des nouveaux face à l'adversité dans d'autres domaines. Il faut à nouveau souligner que les amples détails fournis dans les documents de 2009b, 2010a, 2010b and 2010c comblent largement les lacunes qui avaient encore été identifiées dans le document de 2009a.

Vu l'importance attribuée aux aspects culturels dans le monde aujourd'hui, il nous a semblé primordial de préparer le terrain auprès des futurs enseignants dans le cours de formation, en développant leur prise de conscience des aspects socio-pragmatiques et pragmatiques-linguistiques utiles dans l'enseignement du français comme langue seconde. La concentration sur ces aspects permet d'activer un processus d'accommodation et d'intégration graduelle des concepts semblables et différents entre langues et cultures en contact. Les liens entre langue et culture sont aussi présents dans la relation forme et fond, car l'on y retrouve les croyances, les valeurs morales, et l'expression des besoins à la fois des enseignants et des apprenants. Il n'est pas surprenant de voir que les directives ministérielles aillent dans ce sens et ce usant d'une position forte, en incluant une approche d'enseignement axée sur la culture dans les nouveaux guides du programme d'enseignement du français au niveau secondaire (Ministère de l'Éducation de l'Ontario, à venir). Il faut remarquer ce qui est écrit par rapport à cela, on dit que la langue est la manifestation linguistique des conduites humaines et on explique la culture comme la conduite correspondant à des patrons d'habitudes qui sont à apprendre en se familiarisant avec les réussites de ses locuteurs natifs.

8.4. Effets sur les futurs enseignants.

Nous avons de notre côté mené une enquête auprès des enseignants en formation pour voir leurs réactions sur un nombre de ces nouvelles directions à adopter. Les futurs maîtres dans le cours de formation ont dû faire l'effort de prendre en compte les changements comme s'ils devaient ajuster leur vision sous un nouvel éclairage. Il s'agissait des 25 étudiants dans le cours de formation sur la période allant de septembre 2011 jusqu'à la fin d'avril 2012. Un questionnaire fut administré et les données recueillies mais gardées anonymes. L'idée fut de voir si les futurs enseignants purent articuler la base de connaissances professionnelles de manière distinctive par rapport aux nouvelles donnes. Les trois grands sujets couverts dans l'étude furent l'enseignement par l'approche culturelle, l'évaluation à partir de la perspective « être capable » de faire quelque chose et la nouvelle approche grammaticale. Nous avons analysé les réponses aux questions sur les nouvelles mesures dictées par le Ministère. Les réponses furent codées sous le thème et un nombre correspondant à un numéro donné à l'étudiant de 1 à 25, avec en plus l'indication correspondant au numéro de la question ou d'une sous-question. Par exemple 22/3/a correspond au travail de l'étudiant numéro 22, pour la réponse à la question 3 et la sous-section a.

8.4.1. Leurs réactions sur l'approche d'enseignement de la culture

20 sur 25 étudiants de mon cours furent fortement en faveur de l'approche culturelle. Parmi les dissidents, une personne n'était pas convaincue de la valeur d'une approche culturelle, une autre personne ne semble pas avoir compris de quoi il était question comme le reflète ses paroles, *ça semble bon, plus il y a d'enseignement de la langue par le biais d'un contenu, mieux ça vaut* (23/4/c) Certains d'entre eux semblaient indécis comme cela est reflété dans trois commentaires relevés, *J'espère que le contenu culturel sera varié et pas seulement axé sur la France* (1/4/b). Cette personne n'a pas fait attention car le document du Ministère précise qu'il est nécessaire de commencer par la culture française locale et régionale car chaque province est un chez-soi pour un nombre de groupes francophones, et faire suivre par les cultures francophones provin-

ciales, nationales et seulement plus tard les cultures françaises dans le monde. Il y a lieu de croire que cette réponse rend compte aussi du fait que dans les manuels scolaires dans le passé récent on ne faisait souvent référence qu'à la France et cela a dû contribuer à des sentiments négatifs.

Un autre exemple illustre une certaine résistance de la part d'un enseignant local quand une stagiaire a essayé d'intégrer l'approche culturelle, comme le montre ces paroles, *Pendant mon stage je devais passer rapidement sur tout ce qui n'était pas de la grammaire et je devais justifier mon ajout de composantes culturelles* (14/4/b).

On retrouve un commentaire semblable sur l'enseignement de la culture, dans les paroles suivantes, *Il ne faudrait pas le garder comme dernier recours* (17/4/b).

Dans l'ensemble l'on a rapporté que vu l'intérêt suscité auprès des élèves par les contenus culturels, les problèmes de gestion de classe diminuèrent grandement en comparaison de ce qui fut le cas quand on se limitait à enseigner des aspects de la langue.

Les nouvelles perspectives sur l'évaluation et l'approche « je suis capable de... » : ce qu'en pensent les futurs enseignants

La prise en compte des nouveaux développements nous amène à considérer les définitions mouvantes du terme « connaissances » et opérer un déplacement. En classe de langue il est question de savoirs, de capacités et d'attitudes. La distinction d'Anderson, entre les connaissances procédurales, les savoir-faire, et les connaissances déclaratives, les contenus, les savoirs, se doit d'être réexaminée. Bien souvent « savoir » correspondait à réciter les règles de grammaire. Il nous faut voir plus loin que ces catégories et trouver le moment correspondant à la pratique par des activités de simulation par exemple. Il s'agit en effet d'arriver à comprendre le fonctionnement de la langue et avoir la capacité de l'utiliser adéquatement en contexte selon la description de Bygate (1987) pour la production orale. Cela s'applique aussi aux stagiaires dans l'amélioration de la pratique. Pour l'évaluation, on se base sur un nombre de critères de performance afin de s'assurer que des capacités utilisables dans la vie réelle ont été acquises. Le fait de savoir comment faire ne se traduit pas forcément en des actions correspondantes.

8.4.2. Réactions sur l'approche évaluative

Nous avons interrogés les futurs enseignants sur l'approche évaluative.15 d'entre les 25 étudiants ont émis des opinions positives comme le montrent par exemples les paroles suivantes, *cela se tient avec la différenciation pédagogique et les différents styles d'apprentissage* (3/5/c).

Une des étudiantes exprimait son incertitude quant à l'application de l'approche, *Il y a beaucoup de choses que les élèves savent mais ne peuvent utiliser. Il est donc important de faire une différenciation dans votre enseignement ainsi que dans votre évaluation* (10/5/b). Ces mots reflètent sans doute une approche d'enseignement qui correspondait encore à une approche moins interactionnelle, toujours est-il que cette personne fait montre de jugement professionnel adéquat.

Une autre personne a compris que l'approche faisait appel à de meilleures stratégies, en disant, *c'est mieux pour apprendre, plus difficile pour évaluer et classer les apprenants* (23/5).

D'autres futurs enseignants semblaient ne pas avoir clairement compris les contextes de l'évaluation si l'on en croit les commentaires suivants: *Je ne comprends simplement pas comment utiliser cette manière d'évaluer et être juste envers tout le monde* (6/5/c) *…ne pas baser [l'évaluation] sur ce qu'on peut faire, comment vont-ils progresser s'ils savent cela* (7/5/b); *je trouve qu'il n'y a pas de défi pour les apprenants si on mesure ce qu'ils peuvent faire* (13/5/a); *il me semble que la qualité du travail produit pourra facilement se dégrader et être au-dessous des attentes pour le niveau attendu de la classe* (20/5/b).

Il apparaît que neuf d'entre les futurs enseignants, n'aient pas compris ou aient eu du mal à maîtriser les concepts sous-tendant les nouvelles notions comme on le voit dans l'exemple suivant: *C'est une méthode acceptable pour les élèves de bas-niveau, mais va requérir beaucoup de travail de la part de l'enseignant dans ses essais d'aider tous les apprenants. Je pense que ce n'est pas réaliste et ne tient compte d'aucun objectif d'apprentissage ni de rendement* (16/5).

Les futurs enseignants furent quelque peu pris entre les manières traditionnelles d'évaluer les connaissances qu'ils connaissaient bien et la nécessité de changer leurs représentations mentales pour être en synchronie avec la nouvelle approche. Ce qui fut tout à fait positif c'est leur conviction de l'importance d'un bon processus d'évaluation si l'on veut mesurer l'apprentissage adéquatement. Ces réflexions ne vont pas à l'encontre des prescriptions ministérielles, il semble toutefois que certains de ces futurs enseignants apparaissent très exigeants dans ce domaine et qu'ils s'attendent à pouvoir faire atteindre des niveaux très avancés à leurs élèves, peut-être dans le souci de leur permettre une place de choix à l'université. L'importance à accorder à la rétroaction fut reconnue par tous ainsi que les liens entre l'apprentissage et le contrôle des connaissances. Nous avons l'impression que pour une raison quelconque certains d'entre-eux associaient l'approche « je suis capable de » (CanDo) à une relaxation des attentes, ce qui n'est pas le cas. Il se pourrait que les exemplaires fournis par les vidéos, des exemples d'interventions pédagogiques filmés, visant la démonstration de l'évaluation formative, disponibles sur le site OMLTA.org furent interprétés comme hésitants, car les exemples donnés ne sont que des extraits.

8.4.3. Réception de la nouvelle approche grammaticale

Ci-dessous se trouvent des réactions causées sur la nouvelle approche grammaticale. En réponse à la question 3 demandant s'ils avaient hâte d'implanter la nouvelle approche grammaticale dans leurs classes, 20 sur 25 ont acquiescé (numéro donné à l'étudiant suivi du numéro donné à la question : 2/3/b; 6/3/b; 8/3/b &c; 18/3/c; 21/3/b&c; 23/3/b…). Dans un cas l'étudiant a ajouté un émoticon, (l'expression de l'émotion par des symboles graphiques), correspondant à un visage souriant (11/3/a). Dans un autre cas le oui de la réponse fut souligné deux fois (20/3/b) mais avec en plus la note: […] *cela sera difficile à mettre en œuvre, plus facile à nous convaincre de l'utilité de l'approche que de la mettre en pratique.*

D'autres commentaires relatifs à la mise en œuvre montrent combien les futurs maîtres sont impliqués dans leur formation. Dans l'ensemble, ils ont apprécié certaines des notions se rapportant à la nouvelle approche comme on peut le voir par leurs réponses: « *une manière plus interactive* » (2/3/a), *Je crois que cela sera très utile.* (3/3/a), *J'ai hâte de comprendre l'approche plus en détail et de l'appliquer.* (4/3/a), *Personnellement je pense que c'est une excellente manière de faire participer les apprenants.* (11/3/c) *J'aime la nouvelle approche grammaticale car cela permet de maintenir un climat ludique dans la classe de français et ce qui est plus important l'approche est utile car on donne les outils aux apprenants nécessaires à comprendre la grammaire.* (22/3/c) *J'aime l'approche à cause de la mise en contexte de la grammaire* (13/3/c).

Beaucoup d'entre eux exprimaient de l'incertitude, trois d'entre eux ne semblaient pas avoir compris exactement de quoi il s'agissait pour des raisons variées dues peut-être à une absence quand on a traité le sujet, un esprit ancré dans l'approche traditionnelle, ou à un niveau de français trop limité pour avoir compris.

Dans un cas on n'a pas donné de réponse (19/3), dans d'autres cas les avis furent partagés: *S'attendre à ce que les apprenants apprennent la grammaire sur le tas est naïf, en réalité ils vont simplement finir par ne pas savoir de quoi il retourne* (16/3), [Cela causera des conflits] *dans les cours de français de base mais pas tellement en immersion* (10/3/b/c); *Je pense que cela dépend du programme; Pour les étudiants qui ont une bonne base de français, je dirais que ça marche bien* (10/3/c).

Six d'entre les participants furent très positifs par rapport aux changements mais 12 identifièrent des conflits graves entre la nouvelle approche et ce qui se faisait dans les écoles. Dans un cas on exprime son hésitation: *J'ai hâte d'essayer, mais j'ai des réservations en ce qui concerne son efficacité avec des apprenants débutants* (22/3/a/b).

La nouvelle approche d'enseignement de la grammaire sur le tas dans des contextes communicatifs causait des conflits dans les écoles, qui furent observés par 22 des enseignants pendant leur stage, mais eux-mêmes ne ressentaient pas ces conflits.

La nouvelle approche fut implantée mais certains éléments grammaticaux firent encore l'objet d'un enseignement, se fut efficace d'utiliser les deux (22/3/b). Ce futur enseignant était partagé entre les approches traditionnelles et la nouvelle approche, trouvant difficile d'abandonner la manière familière d'opérer. Il est clair que cet étudiant est ouvert à une approche éclectique et même à la nouvelle approche car elle n'avait pas été rejetée.

D'autres commentaires d'un étudiant reflète les conflits: *Ce que j'ai observé ne correspondait pas à la nouvelle approche en général* (12/3/b), mais ajoute *Un de mes enseignants associés utilisait pourtant le Cadre Européen Commun de Référence pour les langues.*

Un étudiant se rend compte de *la difficulté qu'ont les enseignants expérimentés de changer d'approche* (13/3/b).

D'autres problèmes furent identifiés: *Beaucoup d'enseignants plus âgés hésitent d'adopter cette nouvelle approche car les ressources sont inexistantes* (17/3/b).

Tout bien considéré, il faut admettre que la plupart des futurs enseignants se sont mis au pas, et que l'attitude fut positive dans l'ensemble envers toutes les nouvelles directives imposées. Ceux-là ont fait montre de jugement professionnel adéquat. Nous avons aussi noté qu'un petit nombre d'entre eux s'étaient bien calé dans leur position confortable et leurs vieilles habitudes, montrant un positionnement ancré dans de fortes croyances et ne furent pas ouverts au changement. Ces résultats montrent que les pistes suggérées pour l'amélioration de l'insertion des nouveaux, ainsi que les directives du Ministère y faisant suite, sont d'importance cruciale et méritent toute l'attention qu'on puisse y porter afin de mettre en pratique leurs enseignements.

8.5. Conclusions à tirer sur les innovations prescrites au programme

Rappelons que la formation se fait au Canada durant la cinquième année universitaire après la licence pour laquelle il faut compter quatre ans. Les futurs enseignants doivent acquérir des savoir-faire professionnels et les détails plus ou moins complexes ainsi que les difficultés qui s'y rattachent (Berger, 1972; Banks & Banks, 2007; Skehan, 1998; Slavin, 1995). Ils doivent de plus développer les capacités à juger comment atteindre un équilibre dans leur pratique. Les chercheurs se sont penchés sur la manière dont ces jugements professionnels se font et particulièrement quand il s'agit d'implanter de nouvelles manières d'enseigner (Anderson, 1985; Bygate, 1987; Forster, 1989; Goodman, 1990; Rivers, 1981; Stern, 1983). Ils se sont rendus compte que les équilibres atteints ne sont toujours que temporaires à cause de la fluidité et des changements continuels attachés à toute situation d'enseignement. Ce processus de socialisation professionnelle peut en quelque sorte être comparé au modèle d'acculturation selon Brown (1980, p. 129) impliquant une phase d'ajustement à la nouvelle culture, ici celle des enseignants. Brown décline ce processus en quatre étapes (pages 129-144) notamment le contact, le choc et la résistance, la remise sur pieds et finalement l'ajustement. Tout cela semble se faire durant un processus d'action-réaction communicative normal menant à l'acceptation et l'échange d'aspects linguistiques ou culturels inhérents à la culture d'origine pour la deuxième langue et la culture ciblée et celle que le formateur essaie d'inculquer plus avant. La base de cette approche est constructiviste. Comme nous l'avons dit ci-dessus, le changement implique un travail sur les croyances afin de développer auprès des futurs enseignants un jugement professionnel en ligne avec les nouvelles directives ministérielles imposées pour le français langue seconde en 2012.

Le fait de s'approprier les nouveaux éléments transforme la personne et le retour en arrière n'est plus possible, il faut continuer à faire des efforts et aller de l'avant.

Les chercheurs s'intéressent particulièrement aux discours et à la culture des enseignants de classes de langue seconde à cause de l'étendue de points d'analyse possible, et à cause de la diversité culturelle (Danesi & Perron, 1999; Searle, 1994; Swan, 1985), car les discours tenus sont souvent influencés par le conflit entre deux langues et deux cultures. L'intégration de la culture dans les classes de langue prend une telle importance que certains chercheurs suggèrent que les enseignants soient spécialisés à la fois dans la langue et la culture afin qu'ils puissent construire des passerelles entre les cultures (Willems, 2002). Ils sont en effet bien placés pour ce faire car cela permettrait des va-et-vient lors des transactions entre deux langues et deux cultures (Morlat, 2009; Schulz, 2007; Seelye, 1976; Steele & Suozzo, 1994; Zarate, 1986). Il tiendrait donc à la fois à l'enseignant et à l'apprenant de se retrouver sur un fond commun pour s'entendre sur des facteurs caractérisant les différences et les ressemblances culturelles; comme par exemple identifier les éléments communs, d'autres qui sont interchangeables, et qui ont un sens pour l'enseignant et les apprenants dans la classe. Des différences et des ressemblances de ce genre existent dans toutes les langues, par exemple le ton, un sujet de conversation acceptable, les expressions toutes faites, des actes de parole et fonctions comme s'excuser, suggérer, se plaindre, refuser etc. qui font l'objet de validation et d'intégration réciproques constantes, et qui permettent de trouver un terrain neutre pour le partage et l'échange de commodités culturelles. Cela se rapporte directement à l'idée que la langue est la manifestation linguistique de la culture et que la culture est l'expression des conduites attachées au langage. Les deux sont en position conjointe et ne peuvent être séparées sans risquer de perdre ou de compromettre le sens attribué à la langue ou la culture (Brown, 1994, p. 164). Il apparaît aussi que la manière de présenter une argumentation dans une langue donnée avec facilité et élégance peut sembler lourde et maladroite par les locuteurs d'une autre langue. Par exemple, les latins ou les arabes font appel à ce qu'on appelle une préparation discursive précédant une requête, avant de procéder à la demande proprement dite, en faisant des salutations, en parlant du travail, de la famille ou des amis. Dans le contexte américain cette stratégie serait considérée comme une perte de temps car l'on pense que si on a besoin d'aide il faut en faire la demande directement. De telles différences, si elles étaient répertoriées et enseignées aideraient les groupes en contact et cela simplifierait les transactions entre les cultures en montrant ce qui est valable et reconnu dans la culture, mais il faut savoir que les cultures sont en mouvance. Il va de soi que la langue serve de conduit pour les transmissions et les échanges. Ce que les interlocuteurs acceptent, constituera la valeur signifiante des aspects culturels négociés à travers ces échanges linguistiques. Dans le contexte des communautés de pratiques, de tels échanges concrétisent les aspects abstraits des conduites linguistiques et non-linguistiques des deux collectivités, en conduites négociables qui sont acceptées, assimilées et échangées par les deux (Barton & Tusting, 2005; Olson, 2003; Wenger, 1998). Ce processus qui est qualifié de « socialisation du langage » prépare la personne aux patrons linguistiques et non-linguistiques acceptés dans la culture cible.

Compte tenu des développements théoriques, l'on n'est pas surpris de voir les changements apportés dans le développement professionnel, affectant notamment, la manière de voir la grammaire, l'approche d'enseignement par la culture, et la stratégie d'évaluation correspondant à l'auto-évaluation des capacités par l'apprenant, exprimant ses développements d'habiletés et sa compétence en performance, en disant ce qu'on « est capable de faire ».

Dans la « nouvelle approche grammaticale », la grammaire est vue sous le jour de ses usages en contextes et textes authentiques. L'approche d'enseignement par la culture constitue le fondement de l'enseignement du français comme cela est démontré dans les nouveaux guides pour le curriculum (Ministry of Education, à venir).

L'évaluation des compétences des apprenants se fait maintenant avec soin le long des critères proposés dans le Cadre Européen Commun de Référence pour les langues (Conseil de l'Europe, 1996; McNamara & McNamara, 1996), bien qu'adaptés au contexte canadien sur la base de ce que les apprenants sont « capables de faire » (*Can do*). L'on tient compte maintenant de différentes perspectives sur l'apprentissage, pas comme dans le passé où l'on mesurait les capacités de l'un face à celles d'un autre (Lado, 1957; 1961). L'on se base sur des critères permettant des progressions autonomes, chacun pouvant mesurer son propre progrès et son propre apprentissage au fil du temps. Ces changements prescrits bousculent les esprits bien ancrés dans les pratiques habituelles et nous avons cru bon de procéder à une enquête pour mesurer les bouleversements s'ils s'en déclaraient, afin d'offrir des possibilités de remédiation. En effet ces nouvelles directives, en offrant de nouvelles directions dans les pratiques, pouvaient avoir des conséquences importantes car avec le changement dans une situation donnée, notre attitude change en fonction de notre perception de la situation.

Dans le cours de formation les futurs enseignants furent amenés à comprendre que l'essentiel était de faire communiquer les apprenants, de développer leurs aptitudes naturelles en leur donnant des directives pour accroître continuellement les productions, pour les amener à apprendre à s'adapter aux différences.

Le but à atteindre était de les amener à voir toute interaction comme une occasion de trouver un lieu de rencontre avec le locuteur visant l'acceptation de l'autre. Ils ont vite compris cette idée venant de l'approche « d'action sociale » de Banks (1997) qui donne des exemples de manières d'interagir. La décision à prendre consistait à faire trouver la meilleure démarche pour enseigner la communication dans un contexte interculturel de classe de langue seconde.

Nous savons que tout le monde ne participe pas avec le même enthousiasme et certains étudiants devront être encouragés. Selon la théorie de la «cognition située » (Wenger, 1998; Lave & Wenger, 1991; Barton & Tusting, 2005) tout le monde n'est pas situé centralement et nous pouvons aider les personnes qui se trouvent dans un positionnement périphérique. Pour y arriver, les chercheurs proposent de faire appel à la collaboration et des interactions latérales, centrées sur la réflexivité et au développement de compétences reposant à la fois sur l'action et les connaissances. Rappelons qu'Olson (2003) adoptait le même principe, en essayant une « rencontre des esprits » par le biais du développement d'une intentionnalité conjointe dans la classe. Un tel cadre opérationnel pourrait fonctionner à plus grande échelle aussi dans le ralliement autour d'une cause commune. Olson suggère que par des discussions continuelles tournant autour de l'établissement d'objectifs l'on arrive éventuellement à identifier des intentions communes, que les apprenants se mettent d'accord sur les objectifs et, parce qu'ils ont trouvé un terrain d'entente commun, cela facilite l'apprentissage et les interactions.

Nous savons également que les différences individuelles jouent un rôle dans tout cela de même que l'éducation de la personne a un impact. Vu la complexité des aspects entrant en jeu en même temps dans un cours comme le cours de formation dont il est question ici, l'instructeur doit élaborer de nombreuses stratégies afin d'amener tous les futurs enseignants au niveau de préparation désiré. Les différents blocs de connaissances et de compétences doivent être ajustés, il est nécessaire d'amener les étudiants à produire les efforts nécessaires à la compréhension et la mise en œuvre et de faire appel à tout autre moyen pour faciliter la communication entre eux, et il s'agit de veiller à ce que les fondations mises en place soient solides. Donc dans notre cas, la mise en place de l'apprentissage a été vérifiée par les réponses à nos questions.

Chapitre 9.

Discussion et conclusion

Ci-dessus nous avons examiné la question de la formation des enseignants de français pour voir si une intégration suffisante se faisait de la recherche et des directives visant la meilleure pratique possible sur le terrain afin de les rendre capables de montrer leur intériorisation en pouvant s'observer dans la pratique. Nous avons réussi à avoir une bonne idée du niveau de préparation atteint par rapport au concept examiné. Il est évident que tous ne pratiquent pas ce qu'on essaie de leur inculquer et que de vieilles habitudes doivent laisser le pas aux nouvelles approches, et que les enseignants en formation doivent avoir l'occasion d'explorer et de se faire leur propre idée dans l'interprétation des directives (Zhao, 2008; Myers, 2009).

Pour élargir la discussion aux enseignants qui accueillent les nouveaux dans les écoles, il est fait mention dans les textes qu'ils devraient avoir le temps de rechercher les aspects théoriques sous-jacents à leurs connaissances en actions. Une distinction est faite entre les connaissances tacites et la mise en conscience des stratégies impliquées et il s'agit donc de soumettre ce qu'on fait à un examen critique, et suite à cela il conviendrait d'arriver à articuler le tout pour que cela se tienne.

Nos recommandations s'attachent à la professionnalisation en développement surtout pour ce qui concerne les nouvelles directives du Ministère et l'insertion des nouveaux dans les écoles et les communautés. Nous avons partagé les données recueillies et des exemples de cheminements possibles.

Il est évident que les connaissances et compétences professionnelles ne s'agencent pas sur la linéarité de l'expression verbale car cela tient plus de la reconnaissance immédiate de situations souvent sans avoir affaire à des paroles, situations qui existent dans le cas d'une intervention pédagogique efficace.

La distinction que fait Schön (1983; 1987) entre les connaissances tacites correspondant à « savoir en action » et « savoir-faire en action » est utile dans notre développement sur les nouveaux dans la mesure où cela permet de mieux comprendre les aspects de compétence dans la production langagière. Il s'agit aussi de veiller à une implantation compétente des directives du Ministère.

En prenant en compte toutes les innovations, nous pouvons attirer l'attention sur les aspects suivants:

1. Se poser la question pour savoir si les différents contenus ont été soumis à la réflexion, éclairés par des approches théoriques variées et mis sous la loupe pour en retirer différents sens pour la pratique courante.

2. Veiller à ce que les échanges entre les personnes impliquées se fassent à partir de la base de connaissances publiques suivies d'une sélection appropriée venant de la base des connaissances professionnelles, afin d'assurer que ce qu'on fait soit utilisable dans la pratique dans des situations données après en avoir jugé la valeur et fait appel au jugement des autres personnes concernées.

3. Amener le bagage théorique jugé adéquat suivant les lignes directrices ci-avant à un niveau opératoire personnalisé presque automatique ou familier par suite d'un usage répété. Comme nous l'avons vu, le temps étant limité, cela ne permet pas de ré-analyser chaque situation qui se présente à nous et il faut faire appel au savoir-faire en action.

4. Se faire une idée des connaissances qu'on utilise de manière délibérée, par la justification et l'explication en comparaison à d'autres qui sont utilisées de manière plus intuitive et qui ne comprennent que des degrés variés de mise en conscience.

5. Évaluer obligatoirement la personnalisation des éléments de la professionnalisation par la mise en rapport chez une personne de ces éléments avec les conduites observées, ce qui permet de mettre en relief la variation entre les différents niveaux de professionnalisation.

Par rapport à tous les aspects mentionnés, en ce qui concerne les nouveaux, il est primordial de transposer les connaissances théoriques dans le nouveau contexte afin d'amener les apprenants, les membres de la communauté et le personnel scolaire, à pouvoir articuler ces données différemment de manière à pouvoir les intérioriser et adopter les conduites qui en découlent dans les différents contextes dans lesquels elles sont applicables. Cette souplesse est nécessaire dans le monde d'aujourd'hui.

Il faudrait sans doute aussi revoir la définition de professionnalisme autour de l'idéologie de Bernstein (1971) et qui se trouve toujours au centre et implique le contrôle social de l'expertise. Rueschemeyer (1983) suggère que cela devrait donner au professionnel « une liberté d'action relative face au critère ayant une expérience unique et semblable comme base, incluant l'intégrité morale, la protection de ce qui est confidentiel, et la protection face aux abus politiques » (notre traduction).

Ce qui n'est plus acceptable, c'est l'attitude qu'on avait envers les nouveaux, le manque de contacts interprofessionnels exacerbé par la suprématie marquée par ceux qui se sentaient en position forte (Eraut, 2001, p. 4).

Au sein du Canada multilingue et pluriculturel, dans la nouvelle économie mondiale des connaissances, les problèmes causés par le manque d'harmonie, dû à une insertion inadéquate des nouveaux, ne peuvent que nous ralentir dans la course. Les problèmes identifiés pourraient même s'avérer déstabilisants pour l'économie. Les politiques et le Ministère de l'Éducation de l'Ontario ont pris des mesures tout à fait louables suite à des problèmes identifiés à divers niveaux et il tient donc surtout maintenant aux diverses personnes dans les écoles et les communautés de se mettre au pas. Nous avons essayé de voir comment la transformation était possible, avec à l'appui un exemple tiré d'un cours de formation d'enseignants, nous avons également montré qu'il était nécessaire de transmettre des stratégies aux élèves dans les écoles et de soutenir toutes les personnes actives dans les communautés pour veiller au mieux-être des nouveaux et de leurs familles. S'il s'agit essentiellement de mettre en place des mécanismes visant une meilleure prise de conscience, il faut aussi faire des efforts pour changer les habitudes.

Les questions relatives au jugement ont été examinées par Kant (1892, [1951]) et l'on pourrait se pencher sur des analyses précises de dialogue pour y voir plus clair, toujours est-il que quand des problèmes surgissent, l'on trouve souvent des situations inextricables dans les échanges interculturels à cause des différentes conceptualisations de la « vérité », de l'incertitude et de la qualité du jugement.

Une solution pour contourner ces questions fut de s'assurer que les nouveaux soient branchés en procurant des sites Web pour les écoles qui comprennent aussi des plateformes permettant un accès au soutien correspondant à des situations diverses. Les documents du Ministère contiennent les détails relatifs à ces aspects. Il nous semble que la protection des sites par un code d'accès est quelque peu restrictive et nous favorisons plus d'ouverture, peut-être que tous les membres d'une communauté qui s'y intéressent pourraient avoir un droit d'accès même s'il y a lieu de vérifier les contenus. D'autre part, à la lumière des différences d'interprétations des contenus que nous avons relevées, il serait utile d'avoir des sessions d'informations pour les nouveaux quant à la manière d'interpréter les règlements de l'école et les options possibles afin de disséminer ces connaissances. Il faut assurer que toutes les personnes soient bien informées, qu'elles connaissent leurs droits, et qu'elles sachent quelles sont leurs possibilités d'intervention. Dans beaucoup de systèmes scolaires on ne s'attend pas à une participation active de la part des parents de façon soutenue, on ne les contacte généralement que lors de situations problématiques, ceci n'est pas le cas au Canada et il est nécessaire d'en informer les parents des nouveaux.

Certains Conseils Scolaires avaient fait usage de cet argument pour ne pas accepter des nouveaux originaires de pays francophones avec comme conséquence une certaine stagnation, peut-être même allant jusqu'à une réduction future du nombre de locuteurs francophones au Canada sans croissance du taux de natalité. Nous avions décrété que les nouveaux d'âge scolaire qui possédaient diverses formes de français devaient être acceptés en milieu scolaire de langue française afin de pouvoir pratiquer leur langue par un usage communicatif quotidien. Pour ces jeunes et les nouveaux dans la communauté les médias et autres sources sont là pour permettre d'affûter l'oreille et de s'accommoder à la langue par un usage journalier. Pour les autres membres de la communauté cela a des implications: il faut que ceux qui n'ont pas encore appris à s'adapter au changement, doivent réduire leurs choix pour pouvoir faire l'effort de suivre le mouvement. Un tel impact est non-négligeable pour les personnes concernées. D'autres mesures implantées dans les nouveaux documents de curriculum, bien qu'elles ne visent pas directement les nouveaux, semblent d'emblée favoriser l'apprentissage de tous, la formule toute faite privilégiée est d' « appuyer chaque apprenant ». Les nouvelles démarches préconisées dans l'approche grammaticale, l'approche culturelle et la mise en place de la différenciation pédagogique sont toutes positives pour les nouveaux en ce sens qu'elles favorisent la différence.

Aujourd'hui la rapidité des changements dans le monde exige une réflexion poussée sur en quoi consiste l'apprentissage face aux nouveaux médias et les nouvelles interactions de cultures si différentes. Nous avons présenté les résultats d'une étude possédant des qualités sous-jacentes à un positionnement visant le succès pour tous, une différenciation pédagogique bien articulée et l'adoption d'une approche culturelle, et d'une nouvelle approche grammaticale, dans le but d'une mise à jour et du déploiement de nouvelles pistes.

Il s'agirait de mettre en place des travaux collaboratifs pour mesurer l'acquisition collective de connaissances en action. Les changements requièrent de nouveaux apprentissages aux niveaux personnels et affectifs.

Ceci n'est pas en contradiction avec le modèle de Senge (1994) sur le cadre organisationnel de l'apprentissage dans lequel il distingue le domaine des changements, le domaine des actions et le domaine des résultats. Selon Senge dans une situation donnée, partir des résultats attendus, établis clairement et aptes à être internalisés par le groupe répond à la question à savoir « pourquoi faire ces efforts ? ». En ce qui concerne le domaine des actions, l'auteur dit que les groupes qui mettent en œuvre le plus d'énergie pour atteindre le but visé vont découvrir qu'ils pourront atteindre les résultats escomptés. Dans le contexte du domaine des changements il recommande de se concentrer sur comment compter sur la participation des personnes se basant sur leurs sentiments et leur intellect. Il suggère de créer des environnements qui attirent la participation pour amener des changements durables. Afin de créer une culture d'apprentissage il faut amener à réfléchir sur les idées émanant des croyances, des présupposés et des valeurs d'un groupe donné. Il s'agit d'introduire une nouvelle idée directrice pour catalyser les énergies. Il s'agit d'autre part de trouver les théories, méthodes et outils dans le domaine public pour évaluer la nouvelle idée. De cette manière, le trajet parcouru pour arriver au résultat sera réduit. Enfin il est question de trouver des innovations d'infrastructure. En effet les structures ont un impact sur l'énergie, le facteur temps, les finances, la concentration et les autres ressources qui sont nécessaires. Un exemple important réside dans un réseau de recherche et de partage d'information. Une innovation simple peut être à la source d'un partage conséquent de ce qu'on apprend. Un cycle d'apprentissage approfondi se situe dans le domaine du changement. Ces changements sont à noter au niveau des aptitudes et capacités, au niveau de nouvelles prises de conscience et de la sensibilité et enfin dans l'engendrement de nouvelles attitudes et croyances. Nous avons tout lieu de croire que les différents développements sont articulés en parallèle avec les opinions de Senge et sont donc confortés par ses apports théoriques.

Par rapport au leit-motiv sous tendant tout cet ouvrage, l'on est en droit de se reposer la question de savoir pourquoi les nouveaux arrivants francophones au Canada et plus particulièrement ceux qui arrivent dans la province de l'Ontario, ne choisissent pas ou ne veulent pas être scolarisés en français. Nous sommes d'accord pour dire que le maintien d'une deuxième langue est difficile (Myers, 2004) et nombre de ces francophones parlent aussi un dialecte ou une langue minoritaire qui peuvent causer des interférences, même s'ils viennent d'un pays où le français était la langue de l'école. Cette question ne peut pas être balayée sous le tapis, il s'agit d'examiner les effets et prévoir des mesures supplémentaires pour débrouiller les problèmes que cela cause. En cela notre vision correspond à celle qui est exprimée dans les documents du Conseil de l'Europe dont le but est « de rassembler, motiver et galvaniser les jeunes gens représentant la diversité des minorités et des majorités » afin de prévoir des contextes adéquats pour que les nouveaux arrivants se démènent pour réussir dans le milieu de langue française, leur première langue. Dans ce but le Conseil de l'Europe a veillé à l'organisation de projets locaux, en surveillant de surcroît la collecte des données et l'établissement d'un système pour rassembler les résultats, afin de pouvoir établir une base solide comme tremplin pour la poursuite de recherches ultérieures et de collaboration entre des groupes de régions géographiques différentes. Le but visé est de permettre aux personnes de se rassembler, de créer des passerelles, et de travailler à l'unisson pour atteindre l'objectif commun visé qui est la communication ouverte dans la globalisation du monde. Une telle approche devrait s'avérer efficace au Canada. On peut cependant se poser la question si la mise en place d'une politique d'accueil et d'intégration constitue une mesure suffisante car il faudra aussi songer à compter sur l'obtention de subventions adéquates, y compris l'entraînement du personnel dans les secteurs concernés pour assurer l'uniformité des pratiques. Il va de soi que les régions où les demandes sont les plus fortes doivent obtenir le soutien voulu immédiatement pour consolider les pratiques déjà en place pour le soutien et l'insertion des nouveaux. Comme il est question de support financier, malheureusement dans les régions qui comptent moins de nouveaux, les subventions sont inadéquates pour subvenir aux dépenses causées par le développement approfondi de nouveaux programmes. Toutefois si l'on se réfère au nouveau document intitulé « *Cadre stratégique visant à favoriser l'immigration au sein des communautés francophones en situation minoritaire* » publié par le Gouvernement Fédéral du Canada, il apparait que dans toutes les régions on est sensé accepter et donner le soutien nécessaire aux nouveaux arrivants à l'avenir. Il semble donc que partout on devrait déjà se préparer, car cela signifie que ce mouvement d'immigration va prendre encore plus d'ampleur. Il apparaît en effet que le gouvernement dirige de plus en plus de nouveaux vers des communautés non-urbaines, en partie sans doute pour éviter la formation de ghettos supplémentaires dans les grandes villes.

Tout bien considéré, nous sommes à même de pouvoir identifier cinq axes d'interventions. Il s'agit de trouver des remèdes au manque de souplesse et de créativité dans la manière dont des situations graves identifiées sont gérées. Il faut canaliser tous les éléments se rapportant à des interventions réussies et les entrer dans des banques de données afin de permettre à différentes organisations d'y avoir accès, et de pouvoir retirer ce dont elles ont besoin afin d'avoir la possibilité d'y ajouter de l'input pour enrichir le répertoire avec leurs propres renseignements. Le besoin urgent d'entraîner tout le monde est ressenti face aux domaines d'intervention et de communication interculturelles de même qu'en construction identitaire pour permettre aux personnes d'avoir une meilleure idée sur le savoir-être en général donc par rapport aux conduites à adopter face à l'inconnu et aussi face à l'altérité. Il est absolument essentiel de promouvoir et de faciliter un changement de mentalité avec une centration autour de la coopération, du partage des ressources et des stratégies utiles tout en procédant en même temps à l'analyse de la meilleure allocation possible des ressources disponibles. Mais qui plus est, ces actions doivent s'étaler au fil des ans par des observations continues et la collecte de données, pour mettre à jour ce qui est répertorié afin que les meilleures pratiques puissent être partagées.

Les Conseils Scolaires pourraient individuellement mener des projets pilotes pour établir comment former les leaders et les médiateurs pour qu'ils puissent œuvrer effectivement auprès des nouveaux dans les écoles pour implanter a) de meilleures stratégies d'évaluation pour le placement initial des nouveaux, b) des modules de prise de conscience interculturelle, de civisme et de construction identitaire, c) un ciblage adéquat pour des formations procurant des mécanismes d'intervention et de survie, d) une meilleure démarche pour cibler tout le monde lors du calcul de statistiques sur la population en posant des questions relatives au pays d'origine et à toutes les langues parlées, pour que l'accès à ces renseignements puisse être immédiat quand il faut accéder à ce genre de donnée.

Notre étude a permis de mettre en relief tous les efforts faits pour soutenir l'accueil et l'intégration des nouveaux et tout apparaît sous un jour positif. Si en 2006 il n'y avait pas de politique officielle gouvernant l'insertion des nouveaux nous devons souligner que des efforts ont été faits depuis dans ce sens (Giguère, 2014). À l'avenir on devrait voir augmenter les chiffres de nouveaux se déclarant francophones, et se dirigeant vers l'école de langue française au lieu de choisir automatiquement l'école anglaise car la province est majoritairement anglophone. Le modèle d'intentionnalité conjointe prôné par Olson (2003) (basé sur le principe qu'en situation d'enseignement par le dialogue s'établit une rencontre des esprits) permet de mettre en jeu des perspectives culturelles variées et les travaux d'Olson apportent un nouvel éclairage sur des aspects importants de la théorie de la cognition située en contexte (Wenger, 1998; Lave & Wenger, 1991).

Il faudrait augmenter la communication par les médias pour s'assurer une participation vaste et distribuée. Les organisations culturelles et les entrepreneurs médiatiques devraient être soutenus dans leur propagation de la culture francophone et un accès à une diffusion assez vaste devrait être promu. Il s'agit de vraiment mettre en avant les aspects dynamiques des communautés de langue française. Les activités de loisirs et touristiques devraient encourager la participation et s'étendre à des échanges francophones interprovinciaux. Il est

clair que l'école pourrait jouer un rôle essentiel dans de tels échanges pour que les jeunes gens puissent se connecter. Un accord officiel de ce type a déjà été mis en place en 2006 avec le Québec et pourrait sans nul doute être étendu aux régions francophones dans les autres provinces canadiennes.
Une formation à la communication interculturelle antiraciste est cruciale. Parmi les personnes formées l'on pourrait alors identifier ceux qui seraient aptes à jouer le rôle de médiateurs culturels dans les communautés.

Pour alléger le poids des exigences scolaires pour les nouveaux, il serait de bon aloi de réduire le nombre de cours nécessaire pour obtenir le certificat de fin du secondaire sur la base des autres acquis qu'ils peuvent démontrer, afin que les cours obligatoires qui leur sont de peu d'utilité soient évités. Cela réduirait l'anxiété et leur permettrait aussi d'améliorer leur maîtrise des deux langues officielles. Ils auraient également plus de temps à leur disposition pour s'accoutumer à leur nouvelle communauté et participer aux activités qui y sont organisées.

Il revient aux enseignants de mettre en place des stratégies d'évaluation variées tenant compte des besoins divers des nouveaux et celles-ci devraient être rajustées et l'on devrait voir la mise en place d'une valeur ajoutée en fonction des compétences interculturelles démontrées. Des projets pilotes de nature innovatrice et charismatique pourraient permettre de rassembler les personnes.

Les membres du personnel du Ministère et des services d'immigration ainsi que du personnel des Conseils Scolaires devraient rester en contact pour des échanges d'idées concernant la meilleure façon d'aider les nouveaux. Les règlements dans les écoles ainsi que les procédures d'appel doivent être bien explicites pour faciliter la compréhension des voies à suivre. Les nouveaux devraient en être bien informés dès le départ, pour prévenir les problèmes, plutôt que de se retrouver dans des situations inextricables. Il faut évidemment mettre en place des sessions de rattrapage différenciées. Il faudrait examiner la possibilité de donner des cours de langue intensifs pour permettre le rattrapage des nouveaux afin de les placer au plus vite dans les classes auprès de leurs pairs, en fonction des connaissances préalables de l'apprenant. Comme l'on devra faire face aussi à différentes manières d'être et de faire, des ajustements continuels seront requis de la part du personnel scolaire et dans la communauté pour arriver à s'entendre sur les sens voulus. Vu que le gouvernement prévoit l'arrivée de plus en plus d'immigrants, nous savons que dans une telle société pluraliste rien n'est stable. Nous avions déjà appris en 2010 que le Ministère (Rozon, 2010) faisait tous les efforts possibles pour une meilleure insertion des locuteurs français dans les écoles de langue française, suite à nos recommandations (Myers, 2006). Ayant appris d'autre part, qu'une politique d'accueil et d'intégration a vu le jour (Giguère, 2014) il s'agirait de revoir les chiffres pour voir à quoi ressemble le tableau à l'heure actuelle.

Il est réconfortant d'apprendre tous ces aspects positifs car Gudykunst (2004, p.195) est d'avis que l'accroissement de sentiments d'incertitude réduit la capacité d'aimer et le contraire se manifeste aussi. Dans ce cas pourquoi ne pas créer une atmosphère plus agréable entre les personnes en réduisant l'anxiété par l'utilisation d'une langue plus familière à tous. Même le recours au mélange de codes langagiers ou même carrément le fait de recourir à la langue maternelle, quand des sentiments d'incertitude se manifestent, semble une stratégie préférable à celle qui créerait une augmentation de l'incertitude avec les conséquences qui en résulteraient. C'est une idée forte à retenir pour le milieu du travail car cela pourrait garantir un maximum de productivité. Les résultats de l'étude de Collier et Thomas vont dans ce sens. Les auteurs montrent que les rendements en lecture de locuteurs hispaniques fut bien supérieur en anglais, en dépassant les résultats des locuteurs natifs, quel que fut le programme bilingue suivi par les hispanophones. Dans tous les cas, les hispanophones natifs furent au-dessus de la moyenne. La discussion ci-dessus nous conforte dans la croyance que la communication et la productivité sont meilleures quand l'activité de résolution de problèmes a lieu dans un contexte plus familier, permettant ainsi un apprentissage maximum.

Les chercheurs ont toutefois conscience du fait que tout peut être réduit à l'échec s'il y a trop de complexité à gérer. L'on recommande d'avoir recours au côté esthétique des cultures dans ces situations plus difficiles, car tous les humains ont des besoins esthétiques et que de cette manière les résistances seront plus faciles à vaincre.

On espère que ce travail a quelque peu contribué à une meilleure prise de conscience de ce qu'est la professionnalisation progressive. Nous n'avons pas cherché à convaincre que des discussions visant des objectifs à atteindre, y arrivent forcément comme le pense Olson (2003), amenant des intentions conjointes et que les apprenants se joignent dans leur quête du savoir autour d'un but commun, ce qui permettrait une facilitation des apprentissages et de la communication. Cela n'est pas surprenant dans le climat actuel plus axé sur la différenciation. Dans le groupe d'étudiants de mon cours de formation, un nombre d'entre eux ont atteint les objectifs visés mais d'autres n'étaient pas totalement convaincus de l'utilité des changements imposés au programme par le Ministère. Ils étaient par contre très conscients des conséquences des influences culturelles dans la recherche du sens, dans l'interprétation des contextes de situation et sur leur propre identité. D'autre part, nous savons que chaque enseignant a son propre style, influencé par les habitudes culturelles, qu'elles soient linguistiques ou autres.

Par contre, selon Lado (1957; 1961:110) le fait d'apprendre une autre langue et culture ne veut pas nécessairement dire qu'on va changer nos conduites, ni injecter des manières de faire et d'être nouvelles ainsi que d'autres valeurs morales dans le patron de conduites déjà bien ancrées de l'apprenant. Le seul but serait d'augmenter la mise en conscience afin que les gens soient mieux équipés à l'avenir.

Tous les enseignants du programme de formation ont montré qu'ils étaient ouverts au changement dicté par le Ministère de l'Éducation. Ils ont compris que de s'éloigner de l'approche grammaticale traditionnelle permettait de plus se concentrer en classe sur le français parlé. L'importance de la culture est vue comme un facteur contribuant à la motivation des apprenants, à l'augmentation de la prise en compte des différences ainsi qu'une manière d'amener des degrés supplémentaires d'acceptation de l'autre. La perspective adoptée pour l'évaluation par la phrase clé « je suis capable de… » rejoint, en fait, les échelles évaluatives de McNamara et McNamara (1996) et de l'Union Européenne (1996) ajoutant aussi l'importance de la responsabilité d'un apprentissage autonome et la prise en charge de soi-même, des facteurs importants pour l'apprentissage tout au long de la vie. Même si les éléments donnés dans les guides du Ministère ne se réfèrent pas directement aux contenus des textes européens, il est essentiel de se rendre compte que tout le monde est sur la même page.

Pour s'assurer du succès en communication interculturelle il faut faire intervenir un nombre d'aspects. Il serait bon aussi de se détacher de ses identités et d'amener à une conciliation les différents rôles que l'on a, tout en gardant à l'esprit que la mise en jeu des valeurs humaines fondamentales, va nous aider. Najder-Stefaniak s'est penchée sur la subjectivité en termes modernes à partir d'une perspective morale éthique pour élucider la question. En effet une éducation humanitaire se doit de garder l'ouverture d'esprit et de maintenir l'acceptation de se transposer à travers de nouveaux cadres de référence. Nous devons reposer la question par rapport à l'articulation de la responsabilité et différentes attentes pour atteindre l'excellence.

Une orientation dans l'action est tout à fait nécessaire. Quand nous considérons nos stratégies de communication nous devons nous attacher aux difficultés. Pendant les activités de pratiques et d'apprentissage, nous devrions favoriser les tâches tournées vers l'action qui permettent de mettre à jour les intérêts, les habiletés et les styles individuels ainsi que les cultures. L'exploration d'un nombre de situations, de textes, de modèles, de pièces d'artisanat authentiques permet cela de par le contraste avec la musique, les vidéos, les histoires, les nouvelles, les médias de l'actualité et les objets réels d'une manière orientée vers l'action. Pour amener des personnes à se joindre en communication interculturelle et de collaborer, il s'agit de créer des problèmes à résoudre sur la base de tâches pour lesquelles le résultat à atteindre est tangible. D'autre part afin de pratiquer les divers rôles, il serait bon de faire appel à des simulations dans lesquelles les participants jouent des rôles représentatifs d'acteurs transculturels. Il va de soi que dans le contexte éducatif comme dans celui de l'emploi, l'on fixe des objectifs basés sur des tâches précises authentiques, orientées vers l'action. Pour avancer plus avant, il faut alors faire appliquer les compétences de pensée critique et créatrice dans l'accomplissement des tâches.

Pour résumer, comme l'a dit Nostrand (1976) la solution doit se trouver dans la recherche d'une base commune partant d'états d'esprit polarisés dans une culture donnée dans le sens d'une discussion productive.

Ceci peut se faire de manières différentes comme en montrant par exemple, du respect pour les droits des différentes cultures et en créant un sentiment d'appartenance. Inviter les personnes chez soi, comme par exemple les inclure en leur donnant des responsabilités administratives dans la communauté en est un autre exemple. De fait, leur donner des occasions supplémentaires d'interagir à travers la culture est une façon d'améliorer la communication interculturelle comme nous l'avons souligné. Après avoir observé des personnes dans des interactions physiques, Douglas et Meilis (1995, p.88) affirment que les participants « apprennent à transcender leurs valeurs, a accommoder visuellement pour voir le monde comme les autres le voient, ce qui à la longue teinte la manière dont ils voient leur propre culture » (notre traduction). Cela dit, il faut ajouter que ces changements ne permettent pas le retour en arrière, causant des décalages parfois difficiles à gérer, entre eux et les autres qui ne se sont pas engagés sur cette voie et qui risquent de se retrouver à la traîne.

Nous devons aussi accepter le changement comme l'a suggéré Pietersen (1995), avec l'idée qu'aujourd'hui l'accent est mis sur les résultats visibles à court terme, le symbolique et l'expéditif, le fait d'avoir les réponses et de ne pas être différent, plutôt que de s'attacher aux résultats à long terme, à des objectifs et des résultats réels et à substance, la discrétion et la suspension de jugement, et d'avoir du caractère. Toujours est-il que malgré cela, nous devons aussi garder à l'esprit ce que dit Carnoy (2002) que nous ne pouvons pas totalement appréhender les dynamiques en jeu dans la complexité de l'impact du changement, en particulier à cause des changements incessants de situations dus aux tensions créées entre les mouvement de régionalisation et de globalisation.

Selon moi, la question repose sur les difficultés causées par la compréhension ou le manque de compréhension profonde, lors des interactions de personnes mélangeant les langues, ou passant d'une langue à l'autre, quand on essaie de rendre les interactions plus efficaces, mais que peut-être elles le sont moins.

Le passage d'une langue à une autre et le mélange de langues pourraient constituer une stratégie à explorer mais il faut faire une mise en garde pour ceux qui n'ont pas l'habitude de faire appel à cette possibilité pour améliorer leurs interactions. Ceci dit, cela tient aux personnes de décider le pour et le contre. L'on peut aussi faire appel au Canada à des médiateurs inter-linguistiques car la diversité langagière est telle que l'on peut trouver assez de locuteurs possédant déjà des langues variées et qui pourraient être entraînés à la médiation interculturelle-inter-linguistique. Sans doute devrait-on adopter le point de vue que la juxtaposition de nos cultures nous accorde une place de choix dans l'atteinte de tels objectifs avec le maintien d'expertises diversifiées, en comparaison avec des pays où il serait question d'intégration rapide menant à l'assimilation. Au

Canada nous visons le maintien de la diversité culturelle et cette politique est favorable au maintien des langues d'origine.

Il est essentiel de maintenir des lignes de communication ouvertes selon Salomone Masters (1997, pages 473-484) qui dit aussi que la compétence linguistique est vraiment nécessaire dans une langue, que ce soit la L1 ou une langue additionnelle. Il faut en effet savoir manipuler les éléments lexicaux et grammaticaux pour se rapprocher du sens voulu mais ceci permet aussi de développer une souplesse cognitive et ainsi la personne acquiert de meilleures habiletés métacognitives.

Celce-Murcia (1993) cite les composantes habituelles de la compétence communicative en y incluant la compétence actionnelle définie comme la capacité de comprendre et de transmettre adéquatement l'intention communicative dans une interaction (p.485). Les expériences du locuteur devraient entrer en jeu car elles constituent la base de la loupe à travers laquelle nous voyons nos outils conceptuels. Le besoin de médiation se fait évidemment sentir. Comme une langue nous sert à engranger nos idées, quand un locuteur est moins fort en L2, il lui est utile de revenir à sa L1. Il est aussi nécessaire de repenser les patrons culturels de la L1 quand on communique en L2, et ceux-ci peuvent aussi causer des interférences.

Il semble que les personnes qui ne peuvent pas s'adapter vont se trouver en marge du village global. L'accélération des changements technologiques, sociaux et culturels nous force à constamment trouver de nouvelles manières de coopérer afin de pouvoir avancer. Il est préférable de se trouver dans une position enviable.

Havel (1995, p.113) note que « la transcendance pour être considérée en tant qu'expérience, comme joyeuse et profonde, elle doit être en harmonie même si les personnes ne peuvent pas l'être, que nous avons du mal à comprendre ce qui se passe, que cela nous semble lointain dans le temps et l'espace, mais c'est une expérience à laquelle nous sommes mystérieusement assujettis, car avec nous inclus, l'ensemble constitue un seul monde » (notre traduction). Il dit aussi que « la transcendance est la seule alternative à l'extinction ».

Kim nous prévient que tous les humains ne peuvent pas faire montre de la même souplesse quand il s'agit de sortir des vieilles habitudes familières. Il n'est pas nécessaire que tout le monde suive le chemin le plus ardu. Comme cela fut suggéré, la facilitation est possible pour réduire les difficultés. Faire appel à différentes langues pour s'aider dans les cheminements semble être une démarche logique.

L'appel aux langues permet aussi d'éclaircir ce qui se passe dans les interactions afin de mieux comprendre les actions des personnes et des communautés. Cela sert aussi quand la complexité se situe à grande échelle. L'on se trouve en quelque sorte face à ce que Bakhtin (1990) appelle « un exercice simultané d'empathie et de positionnement à l'extérieur ». Donc, d'une part, on voit à travers ses propres lunettes et d'autre part on se met à la place de l'autre.

Cette dernière étape est possible non pas en séparant les personnes de leur milieu mais en leur montrant les différentes couches de variables dans les interactions. Pour obtenir de meilleurs résultats la première langue est à privilégier pour ce faire car elle est mieux comprise. D'autre part la notion de convergence qui est sensée amener plus d'efficacité (Hall, 1976; 1979; 1983) prend aussi plus d'importance quand il est question de capacités techniques. Ce n'est qu'avec une compétence communicative acceptable que la compétence opérationnelle permet de vaquer directement aux activités quotidiennes mais jusqu'à ce point les interlocuteurs doivent faire usage d'une répétition mentale. Il va de soi qu'une perte de temps s'ensuit. Une comparaison avec la danse serait utile, montrant que pendant l'apprentissage il faut revoir tous les pas, et c'est parfois pénible. L'augmentation de phrases toutes faites substituables dans les conversations, non seulement en permet l'intégration aux actions et une économie de temps, mais donne aussi l'impression d'activité spontanée et souple. Il serait donc utile de procéder de cette manière le plus vite possible. Préparer les personnes à cela en faisant également usage de plus en plus de contextes situationnels, a le potentiel de produire la transition désirée.

Nous sommes d'accord pour dire que les compétences langagières ouvrent les portes aux ajustements positifs personnels et sociaux à la fois, et surtout au lieu du travail et peuvent amener des avantages en améliorant les liens interpersonnels et transculturels.

Les grandes lignes, à retenir de ces avancées, peuvent être résumées comme suit.

Malgré les tenants de la position de pousser la production langagière à la perfection, il nous semble plus logique de chercher des preuves montrant le succès obtenu dans des interactions interculturelles et un certain degré de créativité dans l'usage de la langue. Il devient évident que le fait d'être ancré dans une position très tôt n'est pas souhaitable, mais de pencher plutôt vers une cristallisation future après un nombre de positionnements. Suivant le modèle de Gee (2006) dans le contexte de la théorie de la cognition située, les personnes sont à considérer comme des « modèles instables de travail en motion » et il les appelle des « mobiles instables ». Cela nous amène à penser qu'il s'agit de réserver son jugement, si l'on considère les multiples identités ou plutôt les différents rôles dans lesquels on voit les personnes, pour ne les considérer que des superpositions sur un patron mouvant, incluant une interprétation des rôles comme des superpositions visant une mise en relation des esprits dans l'éducation (Olson, 2003). Il s'agit pour tous d'avancer dans leurs considérations et leurs positionnements et il faut faire des hypothèses sur les possibilités futures, et ceci à chaque instant dans le moment présent.

Par exemple dans les écoles, nous pouvons prendre en compte les mesures suggérées pour réduire les problèmes et leurs effets ou les minimiser ou éviter d'en parler (MacLeod *et al*, 1997). Le problème c'est que les taquineries méchantes semblent être à leur paroxysme de nos jours, et augmentent encore, devenant de la torture mentale malgré la recommandation datant de 1997 aux élèves des écoles de « reconnaître et d'admettre les relations de force dans les groupes, la société et la communauté internationale et d'évaluer leurs causes et leurs effets ».

Il faut admettre que les jeunes dans les écoles et les adultes dans le milieu du travail souffrent à cause d'une prévalence de conduites agressives.

Les programmes d'équité ne semblent pas mener à plus d'égalité car ils favorisent certains secteurs de la population, bien que les jeunes soient encouragés à exercer leur pensée analytique afin de reconnaître le manque d'équité passé, de reconnaître et redresser les in-équités, les stéréotypes et les préjugés du présent.

Aujourd'hui, toutefois, les écoles acceptent les différentes variétés de français et d'anglais, ce qui ne fut pas le cas précédemment, mention était faite seulement de l'importance pour les apprenants d'affirmer et d'avoir de l'estime pour leur première langue.

Le document ministériel dirige aussi les apprenants à comprendre et apprécier les ressemblances et les différences entre leurs propres expériences et celles des autres et aussi à être capables d'exprimer leurs propres points de vue tout en acceptant et appréciant ceux des autres à leur juste valeur.

L'approche critique adoptée face aux écrits qu'on analyse est une approche personnelle, liant les contenus des écrits aux expériences connues, donc les points de référence sont variés, mais s'il n'y en a pas, il n'est pas possible d'ancrer les connaissances nouvelles afin d'élaborer une base pour la pensée critique. De ce fait, l'on observe souvent un manque par rapport aux fondements théoriques attendus qui seraient à même de servir comme point d'ancrage et de contraste. Comme tout semble l'indiquer par les exemples donnés dans cet ouvrage, les intentions semblent toujours positives, mais malgré cela, certaines mesures imposées dans le passé se sont révélées comme causant la discorde, souvent parce que les interprétations qu'on en faisait étaient étroites ou parce qu'on se sentait sous-pression d'appliquer ce qui avait été imposé. Un exemple flagrant vient de l'instauration des « journées du patrimoine culturel » dans le but de faire partager les origines culturelles des familles, avec les célébrations, les us et coutumes, mais ceci impliquait le choix d'une seule culture et ne prenait pas en compte que la plupart d'entre nous sommes des bouillons de cultures différentes. Le but annoncé fut d'« acquérir une image positive de soi en apprenant plus et en étant fier de son héritage culturel. » Il va sans dire que malgré les preuves de bonne volonté, cela a souvent causé des malentendus et davantage de discrimination dans bien des cas, bien que dans de nombreux autres cette action a facilité des rapprochements et des rassemblements autour du connu et du quelque peu familier, ce qui, comme nous l'avons mentionné ci-dessus contribue au mieux-être des nouveaux dans n'importe quelle situation, y compris dans les écoles.

Appendices :

Figure 1

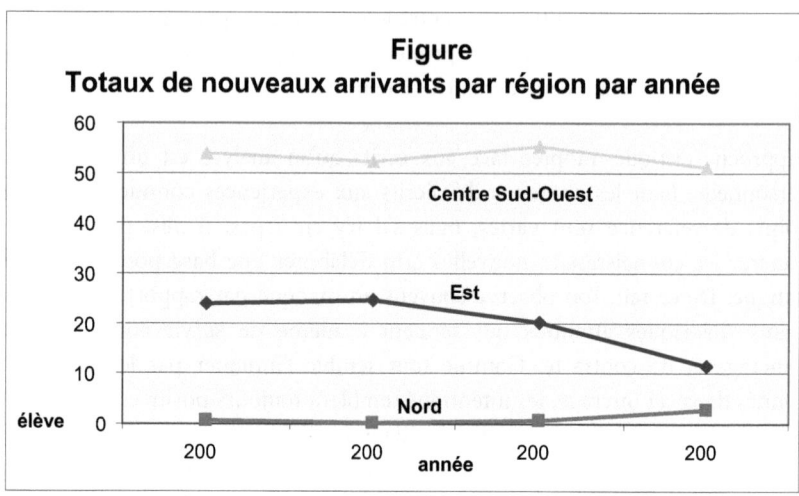

Exemple de grille d'évaluation du rendement.

Achievement Chart – Grade 9, French as a Second Language

The following chart identifies four categories of knowledge and skills in French as a Second Language: Knowledge/Understanding, Thinking/Inquiry, Communication, and Application. Levels of student achievement are outlined for each category.

Categories	50-59% (Level 1)	60-69% (Level 2)	70-79% (Level 3)	80-100% (Level 4)
Knowledge/Understanding - knowledge of language forms and conventions - understanding of content	The student: - demonstrates limited knowledge of language forms and conventions - demonstrates limited understanding of content	- demonstrates some knowledge of language forms and conventions - demonstrates some understanding of content	- demonstrates considerable knowledge of language forms and conventions - demonstrates considerable understanding of content	- demonstrates thorough knowledge of language forms and conventions - demonstrates thorough understanding of content
Thinking/Inquiry -critical and creative thinking skills - inquiry skills (e.g., formulating questions; planning; selecting strategies and resources; analyzing, interpreting, and assessing information; forming conclusions)	The student: - uses critical and creative thinking skills with limited effectiveness - applies few of the skills involved in an inquiry process	- uses critical and creative thinking skills with moderate effectiveness - applies some of the skills involved in an inquiry process	- uses critical and creative thinking skills with considerable effectiveness - applies most of the skills involved in an inquiry process	- uses critical and creative thinking skills with a high degree of effectiveness - applies all or almost all of the skills involved in an inquiry process

Communication	The student:			
- communication of information and ideas	- communicates information and ideas with limited clarity	- communicates information and ideas with some clarity	- communicates information and ideas with considerable clarity	- communicates information and ideas with a high degree of clarity
- use of language	- uses language with limited accuracy and effectiveness	- uses language with some accuracy and effectiveness	- uses language with considerable accuracy and effectiveness	- uses language with a high degree of accuracy and effectiveness
- communication for different audiences and purposes, using various forms	- communicates with a limited sense of audience and purpose, using few appropriate forms	- communicates with some sense of audience and purpose, using some appropriate forms	- communicates with a clear sense of audience and purpose, using appropriate forms	- communicates with a strong sense of audience and purpose, using appropriate forms
Application	The student:			
- application of knowledge and skills in familiar contexts	- applies knowledge and skills in familiar contexts with limited effectiveness	- applies knowledge and skills in familiar contexts with moderate effectiveness	- applies knowledge and skills in familiar contexts with considerable effectiveness	- applies knowledge and skills in familiar contexts with a high degree of effectiveness
- use of the language in new contexts	- demonstrates limited ability in using the language in new contexts	- demonstrates some ability in using the language in new contexts	- demonstrates considerable ability in using the language in new contexts	- demonstrates a high degree of ability and confidence in using the language in new contexts
- making connections (e.g., between personal experiences and the subject, between FSL and other subjects, and between FSL and the world outside the school)	- makes connections with limited effectiveness	- makes connections with moderate effectiveness	- makes connections with considerable effectiveness	- makes connections with a high degree of effectiveness

Références

ALBERTA EDUCATION (2008). *Les centres d'activités*. www.learnalberta.ca (Site consulté le 20 juin 2014).

ALEJANDRO P. & HAO, L. (2002). "The price of uniformity: language, family and personality adjustments in the immigrant second generation". *Ethic and Social Studies* 25(6), 889-912.

ANCZEWSKA, M. *et al* (2013). "Lessons from the training program for women with domestic violence experiences". *BCES* 11, 279-285.

ANDERSON, J. (1985). *Cognitive Psychology and its Implications*. New York: Freeman.

ARCHIBUGI, B.-A. & LUNDVALL, D. (2001). "Introduction: Europe and the Learning Economy". In: B.-A. ARCHIBUGI, and D. LUNDVALL, (eds.). *The Globalizing Learning Economy*. Oxford: Oxford University Press, 1-17.

ARONOWITZ, S. (1993). "Paulo Freire's radical democratic humanism". In: P. MCLAREN & P. LEONARD (eds.). *Paulo Freire, a critical encounter*. New York: Routledge, 8-24.

AUDIGIER, F. (2000). *Basic concepts and core competencies for education for democratic citizenship*. Strasbourg: Council of Europe.

AUSUBEL, D.P. (1963). *The psychology of meaningful verbal learning*. New York: Grune & Stratton.

– (1960). "The use of advance organizers in the learning and retention of meaningful verbal material". *Journal of Educational Psychology* 51, 267-272.

BAKHTIN, M. (1984). *Ésthétique de la création verbale*. Paris : Gallimard.

BANKS, J. *et al* (1993). "Series foreword". In: G. HOWARD. *We can't teach what we don't know*. New York: Teachers College Press, 1-2.

BANKS, J. & BANKS C. (eds.) (2007). *Multicultural Education: issues and perspectives*. Hoboken, N.J.: John Wiley & Sons.

BARTON, D. & TUSTING, K. (2005). *Beyond Communities of Practice*. Cambridge: Cambridge University Press.

BATES, R. (2002). "Administering the global trap: the roles of educational leaders". *Educational Management and Administration* 30(2), 139-156.

BERGER, J. (1972). *Ways of Seeing*. London: BBC and Harmondsworth Penguin.

BERNSTEIN, B. (1971). *Class, Codes and control. Vol 1 – Theoretical Studies Towards a Sociology of Language*. Boston, MA: Routledge and Kegan Paul Ltd.

BERRY, J. W. (2005). "Acculturation: Living successfully in two cultures". *International Journal of Intercultural Relations* 29(6), 697-712.

BEZILLE, H. (2002). « Critique et autoformation : quelques repères historiques ». *Pratiques de Formation* 43, 101-114.

BLACKMORE, J. (2000). "Globalization, a useful concept for feminist rethinking theory and strategies in education". In: N.C. BURBULES & C.A. TORRES (eds.). *Globalization and education: critical perspectives*. London: Routledge, 133-155.

BLASZCZAK, I. (2013). "Contemporary perspectives in adult education and lifelong learning". *BCES* 11, 305-310.

BOLER, M. (2010) (ed.). *Digital media and democracy: Tactics in hard times*. Cambridge: MIT Press.
– (2004) (ed.). *Democratic dialogue in education: Troubling speech, disturbing silence*. New York: Peter Lang.
BOLTON, G. (2010). *Reflective practice: Writing and professional development*. Thousand Oaks, California: Sage Publications Ltd.
BONG, M., & CLARK, R. E. (1999). "Comparison between self-concept and self-efficacy in academic motivation research". *Educational Psychologist* 34(3), 139-153.
BORG, S. (2003). "Teacher cognition in language teaching: A review of research on what language teachers think, know, believe, and do". *Language Teaching* 36, 81-109.
BRANNAN, Monica (2013). *Gaining perspectives of international nursing experiences: A survey of registered nurses*. Unpublished thesis. Kingston, Ontario: Queen's University.
BRISLIN, R. (2000). *Understanding culture's influence on behavior*. Fort Worth, TX: Harcourt College Publishers.
BROWN, H. Douglas (1994). *Principles of Language Learning and Teaching*. Englewood Cliffs, NJ: Prentice Hall.
BRUNER, J.S. (1983). *Le développement de l'enfant: savoir-faire, savoir-dire*. Paris : PUF.
BUTLER, Judith (1997). *Excitable speech: A politics of the performative*. New York: Routledge.
BYGATE, Michael (1987). *Speaking*. Oxford: Oxford University Press.
BYRAM, M. (1997). *Teaching and assessing intercultural communicative competence*. Clevedon, UK: Multilingual Matters Ltd.
BYRNE, B. M. (1984). "The general/academic self-concept nomological network: A review of construct validation research". *Review of Educational Research* 54, 427-456.
BYRNE, B. M., & WORTH GAVIN, D. A. (1996). "The Shavelson model revisited: Testing for the structure of academic self-concept across pre-, early, and late adolescents". *Journal of Educational Psychology* 88, 215-228.
CANADIAN BROADCASTING CORPORATION (CBC) (2013). *Intersections. A weekly podcast*. Retrieved from http// www.CBC intersections FLA 30, 4.
CAPELA, J.R. (2000). "Globalization, a fading citizenship". In: N.C. BURBULES & C.A. TORRES (eds.). *Globalization and education: critical perspectives*. London: Routledge, 227-251.
CAPLING, A., CONSIDINE, M., & CROZIER, M. (1998). *Australian politics in the global era*. Melbourne: Addidon-Wesley.
CARNOY, M. (2002). "Foreword". In: H. DAUN (ed.). *Educational restructuring in the context of globalization and national policy*. New York: Routledge.
CARTY, R.M., & WHITE, J.F. (1996). "Strategic planning for international nursing education". *Nursing Outlook* 44(2), 89-93.
CELCE-MURCIA, M. (2014). *English Language Teaching*. Oxford: Oxford University Press.
CHAMBERLAIN, S. P. (2005). "Recognizing and responding to cultural differences in the education of culturally and linguistically diverse learners". *Intervention in School and Clinic* 40(4), 195-211.

CITOYENNETE ET IMMIGRATION CANADA (CIC) (2005). *Faits et Chiffres 2004. Aperçu de l'immigration : Résidents permanents*. http://www.cic.gc.ca/francais/ressources/publications/index.asp (Site consulté le 9 Mars 2009).

– (2004). *Faits et chiffres. Aperçu de l'immigration: Résidents permanents*. http://www.cic.gc.ca/francais/ressources/publications/index.asp (Site consulté le 19 mai 2013).

CODERRE, D. (2003). *Cadre Stratégique visant à favoriser l'immigration au sein des communautés francophones en situation minoritaire*. http://www.cic.gc.ca/francais/ressources/publications/etablissement/cadre-minoritaire.asp (Site consulté le 8 avril 2006).

COMMISSARIAT AUX LANGUES OFFICIELLES / OFFICIAL LANGAGES SUPPORT PROGRAMS (2004). *Financial Data 2003-2004*. http://www.ocol.cb.gc.ca/htal/ar_ra2003_04_e.php (Site consulté le 9 mars 2009).

CONSEIL DE L'EUROPE, CONSEIL DE LA COOPÉRATION CULTURELLE, COMITÉ DE L'ÉDUCATION (1996). *Les Langues vivantes : apprendre, enseigner, évaluer : un Cadre européen commun de référence*. Projet 2 d'une proposition de cadre. Strasbourg: Editions du Conseil de l'Europe, 45.

COPELAND, M.E. (1997). *Wellness recovery action plan*. Vermont: Peach Press.

DAMEN, L. (1987). *Culture learning: the fifth dimension in the language classroom*. Reading, MA: Addison-Wesley.

DANESI, M. & PERRON, P. (1999). *Analysing Cultures*. Bloomingdon and Indianapolis: Indiana University Press.

DAUN, H. (ed.) (2002). *Educational restructuring in the context of globalization and national policy*. New York: Routledge Farmer.

DEACON, T.W. (1997). *The symbolic Species: the co-evolution of language and the brain*. NY, London: W.W. Norton.

DEGRAMONT, P. (2005). *The distorsion of meaning*. Cambridge: Cambridge University Press.

DOUGLAS, M.K. & MEILIS, A.I. (1995). "International nursing: Challenges and consequences". *Möbius: A Journal for Continuing Educational Professionals in Health Sciences* 5(3), 84-92.

DOWNS, J.F. (1971). *Cultures in crisis*. Beverley Hills, CA: Glencoe Press.

ECO, U. (1981). *The Role of the Reader: Explorations in the semiotics of texts*. London: Hutchinson.

ENTWISTLE, N. (1981). *Styles of learning and teaching*. Nancy, France: Presses de l'Université de Nancy.

ERAUT, M. (2000). "Non-formal learning and tacit knowledge in professional work". *British Journal of Educational Psychology* 70(1), 113-136.

FISCHBACH, R. L. & HERBERT, B. (1997). "Domestic violence and mental health: correlates and conundrums with and across cultures". *Social Sciences and Medicine* 45(8), 1161-1176.

FORSTER, K. (1989). "Basic issues in lexical processing". In: MARSLEN-WILSON, W. (ed.). *Lexical Representation and Process*. Cambridge, Mass.: MIT Press.

GAEBEL, K. (2013). "At the intersections of resistance. Turkish immigrant women in German schools". *BCES* 11, 266-272.

GARCIA, S. B. & GUERRA, P. L. (2004). "Deconstructing deficit: Working with educators to create more equitable learning environments". *Education and Urban Society* 36(2), 150-168.

GAY, G. (2000). *Culturally responsive teaching: theory, research and practice*. New York: Teachers College Press.

GEE, J.P. (2005). "Semiotic social spaces and affinity spaces: from The Age of Mythology to today's schools". In: D. BARTON & K. TUSTING (eds.). *Beyond communities of practice: Language, Power and Social Context*. Cambridge, UK: Cambridge University Press, 214-232.

– (2002). "New people in new worlds: networks, the new capitalism and schools". In: COPE, B. & KALANTZIS, M. (eds.). *Multiliteracies*. London and NY: Routledge, 43-68.

GIBSON, M. A. (1998). "Promoting academic success among immigrant students: Is acculturation the issue?" *Educational Policy* 12, 615-633.

GIGUÈRE, D. (2014). *Communication personnelle*. Message envoyé par courriel le 4 juillet. Toronto: Ministère de l'Éducation.

GOLDSTEIN, T. (1995). "Nobody is talking bad". In: K. HALL & M. BUCHOLTZ (eds.). *Gender articulated: Language and the socially constructed self*. New York: Routledge, 375-400.

GOODMAN, Y. (1990). "The development of initial literacy". In: R. CARTER (ed.). *Knowledge about language*. London: Hodder and Stoughton, pp.135-144.

GRAFMAN, J. (2009). "Seats of emotional intelligence found". *New Scientist* 205 (2742) 16.

GRICE H.P. (1975). "Logic and conversation". *Syntax & semantics* 3: (Speech acts), 41-58.

GUDYKUNST, W. (2004). *Bridging difference: effective intergroup communication*. Thousand Oaks, CA: Sage Publications.

GUDYKUNST, W. & KIM, Y.Y. (1992). *Communicating with strangers: an approach to intercultural communication*. New York: MacGraw-Hill.

HALL, E.T. (1981). *La dimension cachée*. Paris : Seuil.

– (1979). *Au-delà de la culture*. Paris : Seuil.

– (1971). *Le langage silencieux*. Paris : Seuil.

HALLIDAY, M.A.K. (1973). *Explorations in the functions of language. Learning how to mean*. London: Edward Arnold.

HAWKLEY, L.C. & CACIOPPO, J.T. (2010). "Loneliness matters: A theoretical and empirical review of consequences and mechanisms". *Annals of Behavioral Medicine* 40(2), 218-227.

HELD D. (1991) (ed.). *Political theory today*. California: Stanford University Press.

HELMY, H. (2010). *Merkel: Multiculturalism in Germany a failure*. Newsy: Multisource video news. http//www.newsy.com/videos/merkel-multiculturalism-in-germany-a-failure/ (Retrieved June 8th 2013).

HOFSTEDE, G.H. (1980). *Culture's consequences, international differences in work related values*. Beverley Hills, Calif.: Sage Publication.
JANDT, F.E. (2004). *An introduction to intercultural communication: Identity in a global community*. Thousand Oaks, CA: Sage Publications.
JODELET, D. (1991). *Madness and social representation*. London: Harvester / Wheatsheaf.
KANT, I. (1892). *Critique of Judgment*. English translation by J.H. Bernard, New York: Hafner Publishing, 1951.
KAO, G. (1999). "Psychological well-being and educational achievement among immigrant youth". In D. J. HERNANDEZ (ed.). *Children of immigrants, health, adjustment, and public assistance*. Washington, D.C.: National Academy Press, 410-477.
KIM, Y.Y. (1986). *Interethnic communication*. Newbury Park, CA: SAGE Publications.
KRASHEN, S. (2003). *Explorations in language acquisition and use*. Porthmouth, NH: Heinemann.
– (1982). *Principles and practice in second language acquisition*. Oxford: Pergamon.
LADO, R. (1961) *Language Testing*, London: Longman.
– (1957). *Linguistics across Cultures: Applied Linguistics for Language Teachers*. Ann Arbor: University of Michigan Press.
LAKOFF, G. (1976). *Linguistique et logique naturelle* (trad. Judith Miller) Paris : Klincksieck, coll. « Semiosis »
LANTOLF, J. (2000). *Sociocultural Theory and second Language Learning*. Oxford: Oxford University Press.
LAVE, J. & WENGER, E. (1991). *Situated Learning: Legitimate peripheral participation*. Cambridge: Cambridge University Press.
LEARY, M.R., TANGNEY, J.P. (2003). *Handbook of self and identity*. New York: Guilford Press.
LEE, C. (1993). *Signifying as a Scaffold for Literacy Interpretations*. Urbana, Champaign: National Conf. of Teachers of English.
LEMOIGNE, J.L. (1999). *La modélisation des systèmes complexes*. Paris : Dunod.
LITTLEWOOD, W. (1999). "Defining and developing autonomy in Eat Asian contexts". *Applied Linguistics* 20(1), 71-94.
LUHMANN, N. (1987). *Archimedes und Wir*. Berlin: Merve Verlag.
– (1984). *Soziale Systeme: Grundriss einer allgemeinen Theorie*. Frankfurt am Main: Suhrkamp Verlag.
LUNDVALL, B.-A. (2002). "Innovation policy in the globalizing learning economy". In: D. ARCHIBUGI, & B.-A. LUNDVALL (eds.). *The globalizing learning Economy*. Oxford: Oxford University Press, 253-272.
LYNCH E. W. & HANSON, M. J. (1992). *Developing cross-cultural competence: A guide for working with young children and their families*. Baltimore: Paul H. Brookes Publishing Co.
MANTLE-BROMLEY, C. (1992). "Preparing Students for meaningful Culture learning". *Foreign Language Annals* 25(2), 117-127.

MASI, C., CHEN, H., HAWKLEY, L., & CACIOPPO J. (2011). "A meta-analysis of interventions to reduce loneliness". *Personality and Social Psychology Review* 15(3), 219-266.
MCLAREN, P. (1995). *Critical pedagogy and predatory culture.* New York: Routledge.
MCLEOD, Keith *et al* (1997). *Multicultural education: Guidelines for classrooms, schools and communities.* Canada: Canadian Association of Teachers.
MCNAMARA, T. & MCNAMARA T.F. (1996). *Measuring Second Language Performance.* Cambridge: Cambridge University Press.
MESIROW, J. (2001). *Penser son expérience.* Paris: Chronique sociale.
MINISTÈRE DE L'ÉDUCATION DE L'ONTARIO (2010a). *Programme d'appui aux nouveaux arrivants.* Toronto : L'imprimeur de la Reine pour l'Ontario.
– (2010b). *Le curriculum de l'Ontario de la 1re à la 8e année : Actualisation linguistique en Français ALF (révisé).* Toronto : L'imprimeur de la Reine pour l'Ontario.
– (2010c). *Le curriculum de l'Ontario de la 9e à la 12e année : Actualisation linguistique en Français ALF (révisé).* Toronto : L'imprimeur de la Reine pour l'Ontario.
– (2009a). *Une approche culturelle de l'enseignement pour l'appropriation de la culture dans les écoles de langue française de l'Ontario : Cadre d'orientation et d'intervention.* Toronto: L'imprimeur de la Reine pour l'Ontario.
– (2009b). *L'admission, l'accueil et l'accompagnement des élèves dans les écoles de langue française de l'Ontario : Énoncé de politiques et directives.* Toronto : L'imprimeur de la Reine pour l'Ontario.
– (2005). *L'aménagement linguistique en un clin d'œil.* Toronto : L'imprimeur de la Reine pour l'Ontario.
– (2004). *Politique d'aménagement linguistique de l'Ontario pour l'éducation en langue française.* Toronto : L'imprimeur de la Reine pour l'Ontario.
Ministry of Education for Ontario (2014). *French Curriculum Guidelines, Secondary levels, 7 to 12.* Toronto: The Queen's Printer.
– (2013). *Curriculum Guidelines for Elementary French 1 to 7.* Toronto: The Queen's Printer.
– (2012). *Ministries of Education and Training, College and Universities' Consultation on Ontario's Enhanced Teacher Education Program.* Toronto: The Queen's Printer.
– (1993). *Antiracism and ethno-cultural equity in school boards: Guidelines for policy development and implementation.* Toronto: Queen's printer for Ontario.
MORGAN, G. (1997). *Images of organizations.* Newbury Park: Sage.
MORIN, E. (2001). *Introduction à la pensée complexe.* Paris : Seuil.
MORLAT, J.M. (2009) *L'approche interculturelle en classe de Français Langue Etrangère* (on-line) www.edufle.net/_Jean-Marcel-Morlat, (Site consulté le 4 avril 2012).
MORROW, R.A. & TORRES, C.A. (2000). « The state, globalization and education policy". In: N.C. BURBULES & C.A. TORRES (eds): *Globalization and education: critical perspectives.* London: Routledge, 27-56.
MOSCOVICI, S. (1961). *La psychanalyse, son image et son public.* Paris : Presses Universitaires de France.
MYERS, M.J. (2013). "Keeping abreast of continuous change and contradictory discourses". *BCES* 11, 327-332.

– (2012). Evaluating creativity and innovation in second language teachers' discourse. Linguistic Insights, 154, Peter Lang Publishers.
– (2009). "Accommodation through different lenses: innovative orientation in intercultural education". In: M. J. MYERS: *Looking for the Common Thread in connected subcultures*, Panel presentation at IPra, Melbourne.
– (2006). *Les nouveaux arrivants dans le milieu scolaire de langue française en Ontario.* Rapport de recherche pour le Ministère de l'Éducation de l'Ontario.
– (2004). *Modalités d'apprentissage d'une langue seconde.* Bruxelles, Paris: DeBoeck Université.
– (2002). "Computer-assisted second language assessment: to the top of the pyramid". *ReCALL* 14 (1), 167-181.
NAJDER-STEFANIAK, K. (2013). "Lifelong learning from philosophical perspectives". *BCES* 11, 300-304.
NESSIPBAYEVA, O. (2013). "Bologna process principles integrated into education systems of Kazakhstan". *BCES*, 11, 349-354.
NIBLETT, R. (2013, July). "Chatham House". The Financial Times. ft.com/cms/s/2 (Retrieved July 20, 2014).
NOSTRAND, H. (1976). "Cultural pluralism: What for? By what means? At what costs?" *MALT* 21, 4-12.
NYHOLM, J., NORMANN, L., FRELLE-PETERSEN, C., RIIS, M. & TORSTENSEN, P. (2002). „Innovation policy in the knowledge-based economy-Can theory guide policy making?" In: D. ARCHIBUGI & B.-A. LUNDVALL (2002). *The globalizing learning Economy.* Oxford: Oxford University Press, 253-272.
OGUNLEYE, J. (2013). "Interaction between vocational education and training and the labour market in Europe". *BCES* 11, 259-265.
OLSON, D. (2003). *Psychological Theory and Educational Reform.* Cambridge: Cambridge University Press.
– (1994). *The World on Paper: The conceptual and cognitive implications of writing and reading.* Cambridge, UK.: Cambridge University Press.
Hakuta, K. (1990): "Language and cognition in bilingual children". In: PADILLA, A., FAIRCHILD, H., & VALADEZ, C. (eds). *Bilingual education.* Newbury Park, CA: Sage publications, 47-59.
PAO, D.L., WANG, S.D., & TEUBEN-ROWE, S. (1997). "Identity formation for mixed-heritage adults and implications for educators". *TESOL Quarterly* 31(3).
PARKER, B. (1997). "Evolution and revolution: From international business to globalization". In: S.R. CLEGG, C. HARDY & W. NORD (eds.). *Handbook of organization studies.* London: Sage, 484-506.
PIETERSEN J. N. (1995). "Globalization as hybridization". In: M. FEATHERSTONE, S. LASH & R. ROBERTSON: *Global modernities.* London: Sage, 45-68.
POPESCU, V., POPESCU, G., & POPESCU, C. (2013): "Process management in universities: Recent perspectives in the context of quality management oriented towards excellence". *BCES* 11, 333-339.

PORCHER, L., & ABDALLAH PRETCEILLE, M. (1998). *Ethique de la diversité et éducation*. Paris : PUF.

PORTES, A., & HAO, L. (2002). "The price of uniformity: Language, family and personality adjustment in the immigrant second generation". *Ethnic and Racial Studies* 25(6), 889-912.

RIVERS, W.M. (1981). *Teaching Foreign Language Skills*. Chicago: University of Chicago Press.

ROBINSON, G. (1998). *Cross-cultural understanding*. New York: Prentice-Hall.

ROTHSTEIN-FISCH, C., GREENFIELD, P.M., & TRUMBULL, E. (1999). "Bridging cultures with classroom strategies". *Educational Leadership* 56(7), 64-66.

RUESCHEMEYER, D. (1983). *The Sociology of the Professions*. London: Macmillan.

SALOMONE MASTERS, A. (1997). "How to avoid language breakdown? Circumlocution!". *Foreign Language Annals* 30(4), 473-484.

SCARDELLA, R. (1990). *Teaching language minority students in the multicultural classroom*. Upper Saddle River, N.J.: Prentice Hall.

SCHÖN, D. (1987). *Educating the reflective Practitioner*. San Francisco: Jossey-Bass.

– (1983). *The reflective Practitioner: How Professionals think in Action*. New York: Basic Books.

SCHULZ, R. A. (2007). "The challenge of assessing cultural understanding in the context of foreign language instruction". *Foreign Language Annals* 40, 9-26.

SEARLE, J. (1994). *The Rediscovery of the Mind*. Cambridge: MIT Press.

SEELYE, H.N. (1976) *Teaching Culture: Strategies for Foreign Language Education*. Lincolnwood II: National Textbook Company.

SENGE, P. (1994)."Core concepts about learning in organizations". In: P. SENGE, A. KLEINER, C. ROBERTS, R.ROSS, B.J. SMITH (eds.). *The fifth Discipline Fieldbook*. New York: Doubleday, 15-47.

SENOCAK, Z. (1998). "But the heart still beats Turkish". In: K.A. JAROUSH & H.A. WELSH (eds). *One Germany in Europe, 1988-2009, 1-4*. Washington, BC: German Historical Institute.

SERRE, M. (1991). *Le tiers instruit*. Paris : Éditions François Bourin.

SHWEDER, R., MINOW, M., & MARKUS, H. (eds.) (2002). *Engaging cultural differences*. New York: Russell Sage.

SKEHAN, P. (1998). *A cognitive Approach to Language Learning*. Oxford: Oxford University Press.

SLAVIN, R. (1995). *Cooperative learning: theory, research and practice*. New York: Prentice Hall.

SMITH, D. (1971). "Task training". In: *AMA Encyclopedia of Supervisory Training*. New York: American Management Association, 581-586.

SNOW, C. (1984). "Beyond conversation: second language learners' acquisition of description and explanation". In: J. LANTOLF and R. DIPIETRO (eds.). *Second language acquisition in the classroom setting*. Norwood, NJ: Ablex,

SPANOS, G. & CRANDALL, J. (1990). "Language and cognition in bilingual children". In: A. PADILLA, H.FAIRCHILD, & C. VALADEZ (eds.) *Bilingual Education*. Newbury Park: Sage Publications, 157-170.
STAMELOS, G. et al (2013). "Greek primary education in the context of the European lifelong learning era". *BCES* 11, 340-348.
STEELE, R. & SUOZZO, A. (1994). *Teaching French Culture*. Lincolnwood IL: National Textbook Company.
STERN, H.H. (David) (1983). *Fundamental Concepts in Language Teaching*. Oxford: Oxford University Press.
SWAN, M. (1985). "A critical look at the communicative approach". *English Language Teaching Journal*. 39 (1), 2-12.
TROGNON, A., & Larrue, J. (1988). « Les représentations sociales de la conversation ». *Connexion* 1, 51-70.
UNIVERSITÉ LAVAL (2006). *Politique d'accueil, d'encadrement et d'intégration des étudiants*. http://www.ulaval.ca/sg/reg/Politiques/AccEncadr.html (Site consulté le 8 avril 2006).
VAN DEN BRANDEN, K. (2006). "Training teachers: Task-based as well?" In: K. VAN DEN BRANDEN (ed.). *Task-based Language Education: from Theory to Practice*. Cambridge, UK: Cambridge University Press, 217-248.
VERMEER, H. J. (2006). *Luhmann's "Social Systems" theory*. Berlin: Frank & Timme.
VYGOTSKI, L. (1985). *Pensée et langage*. Terrains: Éditions sociales.
WEBB, N. B. (2001)."Working with culturally diverse children and families". In: N. B. WEBB (ed.). *Culturally diverse parent-child and family relationships – A guide for social workers and other practitioner*. New York: Columbia University Press, 3-28.
WELLS, A. et al (1998). "Globalization and educational change". In: A. HARGREAVES, A. LIEBERMAN, M. FULLAN & D. HOPKINS (eds.). *International handbook of educational change*. Dordrecht: Kluwer, 322-348.
WENGER, E. (1998). *Communities of Practice: Learning, Meaning, and Identity*. Cambridge: CUP.
WILLEMS, G. M. (2002). *Politique de formation des professeurs de langues en faveur de la diversité linguistique et de la communication interculturelle*. Strasbourg: Conseil de l'Europe.
WISEMAN, R.L. & ABE, H. (1986). « Cognitive complexity and inter-cultural effectiveness: Perceptions in American-Japanese dyads". In: M.L. MCLAUGHLIN (ed.). *Communication Yearbook* 9. Beverley Hills, Ca: Sage Publications, 611-622.
YOUNG, E. (2012). "Alimentary thinking". *New Scientist* 216(2895), 39-42.
ZAPF, M. K. (1991). "Cross-cultural transitions and wellness: Dealing with culture shock". *International Journal for the Advancement of Counselling* 14, 105-119
ZARATE, G. (1986). *Enseigner une culture étrangère*. Paris : Hachette (collection F, Recherches et applications).
ZHAO, Y. (2008). *Classroom Communication and the Teaching of Chinese in Canada*. Unpublished Master's Thesis. Queens University, Canada.

PÄDAGOGIK

Band 1 Karin Vach: Medienzentrierter Deutschunterricht in der Grundschule. Konzeptualisierung, unterrichtliche Erprobung und Evaluation. 268 Seiten. ISBN 978-3-86596-012-2

Band 2 Markus Drolshagen: „Was mir fehlt, ist ein Zuhause". Fehlplatzierung jüngerer Behinderter in hessischen Altenhilfe-Einrichtungen. 316 Seiten. ISBN 978-3-86596-055-9

Band 3 Anne Walther: Spielend Englisch lernen. Möglichkeiten eines schülerorientierten landeskundlich-interkulturellen Fremdsprachenunterrichts an Grund-, Haupt- u. Realschulen, analysiert am Beispiel der neuen Bundesländer. 326 Seiten. ISBN 978-3-86596-098-6

Band 4 Sven Kluge: Vermisste Heimat? Zum emanzipativ-repressiven Doppelcharakter der Gemeinschaftsthematik innerhalb der modernen Pädagogik. 734 Seiten. ISBN 978-3-86596-148-8

Band 5 Cristina Allemann-Ghionda/Saskia Pfeiffer (Hg.): Bildungserfolg, Migration und Zweisprachigkeit. Perspektiven für Forschung und Entwicklung. 154 Seiten. 2. Aufl. ISBN 978-3-86596-153-2

Band 6 Thomas Wagner: Begabungsförderung in der Schule. Zum Zusammenhang zwischen Motivation, effizientem Lernen und Methodenkompetenz. 110 Seiten. ISBN 978-3-86596-340-6

Band 7 Dieter Kirchhöfer: Kindersonntage – Sonnentage? Vom Eigenwert des Sonntags. 220 Seiten. ISBN 978-3-86596-436-6

Band 8 Norbert Störmer: Du störst! Herausfordernde Handlungsweisen und ihre Interpretation als „Verhaltensstörung". 372 Seiten. ISBN 978-3-86596-531-8

Frank & Timme

Verlag für wissenschaftliche Literatur

PÄDAGOGIK

Band 9 Marie J. Myers: Les nouveaux dans les écoles – Comment aborder des situations de plus en plus complexes ? 170 Seiten. ISBN 978-3-7329-0100-5

Band 10 Hans Kühne (Hg.): Supervision und Soziale Arbeit: Geschichte – Praxis – Qualität. 152 Seiten. ISBN 978-3-7329-0118-0

Band 11 Jean-Marie Weber/Julia Strohmer: Der Bezug zum Wissen in der Lehrerbildung. Eine psychoanalytische Studie zu Transformationen im Ausbildungsprozess. 200 Seiten. ISBN 978-3-7329-0081-7

Band 12 Dorothee Doerfel-Baasen/Oksana Baitinger: GANZes Kind den ganzen TAG? 148 Seiten. ISBN 978-3-7329-0121-0

Band 13 Dieter Kirchhöfer: Wider die Rationalität! Für eine anthropologische Öffnung der Pädagogik. 156 Seiten. ISBN 978-3-7329-0165-4

Band 14 Winfried Noack: Ethische Grundlagen der Sozialen Arbeit. 196 Seiten. ISBN 978-3-7329-0209-5

Band 15 Pierre-Carl Link/Roland Stein (Hg.): Schulische Inklusion und Übergänge. 246 Seiten. ISBN 978-3-7329-0357-3

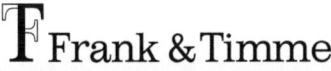

Verlag für wissenschaftliche Literatur